KB271638

용기

용기

지은이 리하르트 에거
옮긴이 윤미원
펴낸이 안용백
펴낸곳 (주)도서출판 넥서스

초판 1쇄 인쇄 2009년 7월 20일
초판 1쇄 발행 2009년 7월 25일

출판신고 1992년 4월 3일 제 311-2002-2호
121-840 서울시 마포구 서교동 394-2
Tel (02)330-5500 Fax (02)330-5555
ISBN 978-89-6000-560-0   03320

저자와 출판사의 허락 없이 내용의 일부를 인용하거나
발췌하는 것을 금합니다.

가격은 뒤표지에 있습니다.
잘못 만들어진 책은 구입처에서 바꾸어 드립니다.

www.nexusbook.com
넥서스BIZ는 (주)도서출판 넥서스의 경제경영 브랜드입니다.

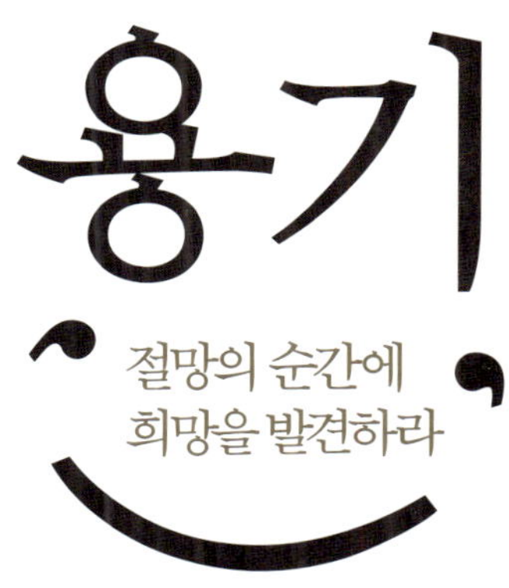

용기

절망의 순간에
희망을 발견하라

리하르트 에거 지음 | 윤미원 옮김

넥서스BIZ

이 책은 무엇을 다루고 있는가?

이 책은 용기와 리더십을 다루고 있다. 아울러 용기와 리더십은 하나로 묶여 있어 떼려야 뗄 수 없다는 것을 알려 주고 있다. 용기란 리더가 갖춰야 할 가장 중요한 덕목이다. 용기를 갖춘 사람은 다른 이를 설득하는 능력이 있고 자신이 원하는 바를 얻으며 스스로 동기 부여를 할 수 있다. 그와 달리 용기가 없는 사람은 리더십 기술과 도구를 제대로 사용하지 못한다. 계획을 단호하게 실천할 수 있는 믿음이 부족하기 때문이다. 이는 부모, 교사, 정치인, 경영자, 컨설턴트 모두에게 적용되는 이야기다. 사람을 지도하는 일이란 단순히 직업적인 것이 아니라 인류의 모든 삶에서 중요한 역할을 한다.

이 책이 리더십에 관한 기존의 책들과 다른 점은 무엇일까? 우선은 리더십을 경영학 측면뿐만 아니라 사회·심리학적 측면에서 살펴본다는 것이다. 리더는 책임 역할을 맡고 타인의 모범이 되며 삶의 방향을 제시해준다. 이를 통해 우리는 리더십의 개념을 간단히 이해할 수 있을 것이다. 특히 이런 점에서 용기를, 외적인 행위가 아니라 인격에 뿌리를 둔 행위의 초석으로 이해할 수 있다. 한편 이 책은 아주 특별한 시각을 제시한다. 그것은 바로 철학이다. 우리는 서양 철학 사상을 하나하나 짚어보게 될 것이다.

나는 슈퍼마켓에서 물건을 파는 것처럼 거리낌 없이 철학 이야기를 풀어놓고, 리더십에 관한 소중한 이야기를 이해하기 쉽도록 설명하려 한다. 철학을 통해 리더십을 다루지만 철학 교양서의 텍스트처럼 건조한 이야기가 아님을 일찌감치 밝힌다. 나는 철학자가 아니라 경영 컨설턴트이며, 한 가정의 가장이자 아버지이다. 그러니 어려운 얘기를 할 것이라고 지레 겁먹지 말길 바란다. 내 경험을 토대로 해서 쉬운 설명으로 이야기를 들려줄 것이다. 철학은 삶의 핵심이 무엇인가를 알기 위한 것이며, 많은 사람들이 생각하는 것과는 달리 아주 실용적이다.

왜 이 책을 읽어야 할까?

상사, 의사, 컨설턴트, 정치가, 선생님, 어머니, 아버지 등등 당신이 리더 역할을 해야 하는 사람이라면 이 책은 당신에게 적절한 답변을 제공해 줄 것이다. 어떻게 다른 사람을 이끌 것인가? 이를 위해 얼마나 큰 용기를 갖춰야 할까? 상대편에 대한 두려움이 나의 행동에 어떤 영향을 미칠까? 이런 질문에 대해 답을 찾아가면서 당신은 인생의 새로운 전기를 마련할 수 있다. 이 책은 독자를 자극하기보다는 스스로에게 변화할 수 있는 기회를 주고 싶은 것이 내 희망 사항이다. 아울러 책의 마지막에 제시된 용기 훈련 프로그램을 꼭 실천하길 바란다. 이를 통해 당신은 용기가 최고의 리더십을 위한 열쇠이자 자유를 위한 열쇠라는 점을 이해할 수 있을 것이다.

이 책은 어떻게 씌어졌을까?

앞의 내용을 읽으면서 짐작했을지도 모르지만, 나는 되도록 독자들과 이야기를 나누는 형식으로 글을 썼다. 계속해서 독자에게 말을 건네그 생각하는 기회를 부여하기 위해 노력하고, 이로써 당신에게 용기 훈련을 할 수 있는 시간을 마련해줄 것이다. 나의 철학에서 대화는 상당히 중요하다. 철학적인 실습을 중심으로 한 대화를 통해 용기 훈련을 할 수 있도록 지금 당신을 초대하는 바이다.

리하르트 에거

목차

7 용기와 자유

169

행위의 자유와 의도 가능성
의지의 자유와 복종
용기의 비밀, 자유

부록

용기 훈련 프로그램 1 – 24

1 리더가 꼭 갖춰야 할 기본 리더십

용기란 과연 무엇인가?

용기도 궁하면 통한다

미덕으로서의 용기: 진정한 삶을 위한 결정

타임아웃 1: 철학

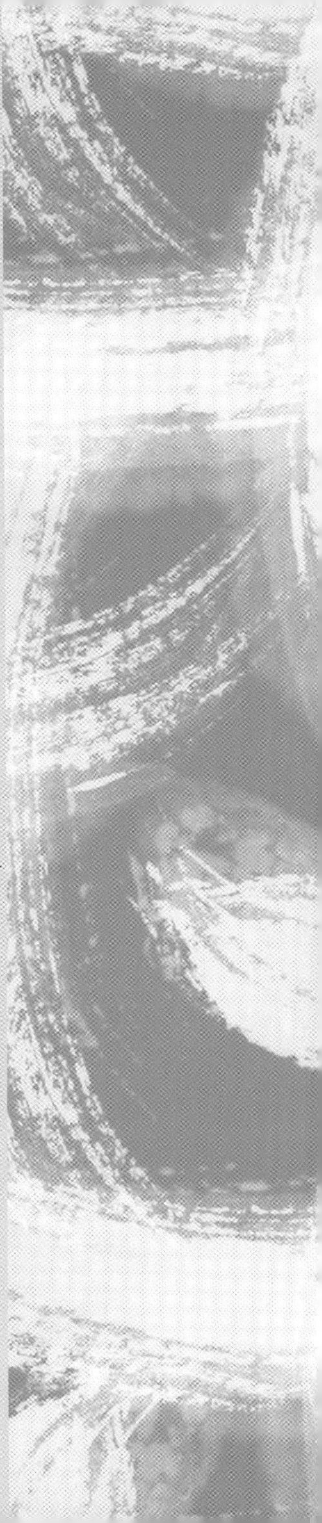

1 리더가 꼭 갖춰야 할 기본 리더십

당신은 어딘가에서 리더로 활동하고 있는가? 직장의 상사 혹은 어떤 조직의 책임자인가? 혹은 아버지나 어머니로서 가정을 책임지고 있는가? 이 모두에 해당되지 않더라도 당신은 자신이 속한 사회에서 리더의 모습을 분명 보았을 것이다.

우리는 직·간접적인 방식으로 '리더들의 모습'을 바라볼 수 있다. 곰곰이 한번 생각해보자. 당신이 적극적으로 따르고 싶은 리더는 어떤 스타일인가? 어떤 리더가 당신을 한 인격체로 존중하며 대해줬는가? 그와 달리 반감을 갖게 만들었던 리더는 어떤 스타일이었나? 당신이 생각하기에 존경받는 리더의 조건은 무엇인가? 리더십의 근본적인 에너지는 무엇이라고 생각하는가?

답은 아주 간단하다. 그건 바로 '용기'이다. 용기란 리더들이 갖춰야 할 근본적인 미덕이자 이 책의 핵심 내용이다. 리더로서 큰 영향력을 행사하고 싶다면 용기를 갖춰야 한다. 사람들이 리더십에 실패하는 이유는 용기가 부족하기 때문이다. 그런데 리더십의 핵심이 용기라는 주장은 사실 일반화된 것이 아니다. 인사 채용 공고에서 "용기 있는 사람을 찾습니다!"라는 내용을 본 적이 있는가? 경영자가 반드시 갖춰야 할 요건으로 '용기'를 떠올리는 사람은 별로 없다. 리더의 미덕을 언급할 때도 마찬가지이며, 경영서에서도 용기에 관한 대목은 찾아보기 어렵다. 기업이 리더에게 요구하는 조건은 용기가 아니라 전문 지식이나 개인·사회적 능력이다.

좋은 일화가 하나 있다. 한 일본 장군이 군대를 거느리고 곳곳을 불태우고 약탈하면서 일본 전역을 초토화시켰다. 이때 목숨이 붙은 사람들은 이 살인마를 피하기 위해 사력을 다해 도망쳤다. 그런데 군대가 몰려온다는 사실을 알면서도 자리를 떠나지 않고 절을 지키는 스님이 있었다. 피에 굶주린 장군은 주체할 수 없는 분노로 온몸을 떨면서 칼을 높이 쳐들고 소리를 질렀다. "이놈! 이 판국에도 감히 고개를 빳빳이 들고 명상에 잠겼겠다? 난 눈 하나 깜짝 않고서 네 배에 칼을 꽂을 수 있다." 이에 스님이 나직이 말했다. "나는 눈 하나 깜짝하지 않고 네가 내 배에 칼을 꽂는 걸 볼 수 있다." 그 용기에 감탄한 장군은 바닥에 무릎을 꿇고 스님에게 큰절을 올리고는 그곳을 떠났다고 한다.

일본의 오래된 일화 속에 등장하는 이 스님은 리더의 핵심 능력을 잘 보여준다. 그는 많은 말을 한 것도 행동을 한 것도 아니고, 그 무엇도 의도하지 않았다. 단지 강렬한 카리스마로 상대를 감화시켰다. 카리스마란 특별한 사람들에게 있는 능력으로, 다른 이에게 영향을 미치는 에너지를 말한다.

스님의 카리스마는 어디에서 비롯되었을까? 당신도 어쩌면 이런 특별한 사람의 매혹적인 카리스마를 경험해봤을지도 모르겠다. 이런 카리스마가 과연 어디에서 생겨났을까? 잠깐 생각해볼 시간을 갖자.

이 일화가 실화인지 허구인지는 잘 모르겠지단, 불교의 선(禪) 지혜를 전하려는 목적에서 씌어진 게 아닐까 싶다. 어쨌든 우리는 여기에서 알 수 있는 어떤 개념을 밝혀내야 한다. 나는 당신과 함께 철학적 사고로 이 주제를 고민해야 하는 과제를 안고 있다. 용기가 리더의 근본 미덕이란 핵심 명제보다도 중요한 것은 주변적인 것처럼 보이는 용기 자체에 대해 확실히 이해하는 것이다.

우리는 주변에서 용감한 사람들을 많이 봐왔다. 물론 용기 없는 사람들도 목격했다. 행동을 보기 전에 용기 있는 사람을 어떻게 알아볼 수 있을까? 또한 의기소침한 사람을 구별할 수 있는 방법이 있을까? 당신은 용기의 뜻이 무엇인지를 생각해본 적이 있는가?

이번 장에서 우리는 위의 질문에 대한 답을 생각해볼 것이다. 용기란 그리 대단한 게 아니다. 그러나 대부분의 사람은 용기를 아주 특별한 것으로 여긴다. 다음 장에서는 위대한 철학자들은 '리더십'이란 개념을 어떻게 이해했는지를 알아보자. 이를 통해 리더십의 구조적 특성을 정리하고, 현대 사회의 경제·사회적 조건에 맞는 리더십 개념과 내가 정의한 명제를 소개하고자 한다. 그리고 3장에서 7장까지를 읽어나가는 동안 당신은 사고를 체계적으로 계발할 수 있는 기회를 많이 갖게 될 것이다.

물론 학문적인 근거에만 의존할 게 아니라 설득력 있는 설명으로 이야기를 이끌어가려 한다. 경영자 컨설턴트로서 나의 경험이 커다란 밑받침이 될 것 같다. 당신을 이해시키는 데 도움이 될 것이라 판단되면 철학적 개념도 소개하려 한다. 물론 독자들이 건강한 사고를 가졌다고 믿으면서 말이다. 독자들의 경험을 직접 적용하여 사고할 수 있는 기회를 갖게 되길 바란다.

용기란 과연 무엇인가?

용기란 과연 무엇인가를 생각할 때 주변의 용기 있는 사람들이 떠오를 것이다. 아마도 소매치기를 따라가 한방 먹이고 가방을 찾아오는 사람! 아니면 바다에 빠진 이를 구하기 위해 목숨을 걸고 물속으로 뛰어드는 사람! 이처럼 용감한 사람들은 두려움이 뭔지 모르는 것 같다. 할리우드 영화에 등장하는 영웅이나 상상을 초월하는 속도로 질주하는 카레이서 역시 우리가 우러러보는 용감한 사람들이다. 그러고보니 긴장감이 넘치고 스케일이 큰 행위가 용감한 것으로 간주되는 듯하다. 그런데 우리가 일반적으로 떠올리는 용기와 진정한 용기에는 커다란 차이가 있다. 진정한 용기란 그저 조용한 미덕이다. 과장된 행위가 아니라 내면에 잠재된 강인한 '그 무엇'이다.

2500년 전부터 위대한 철학자들은 옳은 행동, 훌륭한 생활 태도가 무엇인지를 부지런히 사고했고, 그것은 지금까지도 현대인에게 교훈을 준다. 잠시 고대철학을 살펴보자. 아리스토텔레스(기원전 384-322)는 미덕에 관해 우리에게 중요한 가르침을 주었다. 330년에 저술된 《니코마코스의 윤리학 *Nikomanischen Ethik*》을 보면 그가 말하는 미덕의 기초가 잘 나와 있다.

아리스토텔레스는 열정을 인간이 어떻게 이해하는지로 미덕을 설명했다. 미덕은 자제할 때 생겨난다. 자신의 감정을 직선적으로 표현하는 사람들에게는 미덕이 부족하다. 그와 달리 자신의 감정을 적절히 다스리는 사람은 미덕을 갖추고 있다. 아리스토텔레스는 열정을 무조건 억누를 게 아니라 적절히 표현하되, 감정을 어느 정도 제어할 것을 당부했다. 요컨대 미덕이란 어떤 감정의 적절한 중간점에 머무르는 것이다. 극치의 감정 그 중간점이라고 할까?

돈을 예로 들어보자. 돈에 대해 과도한 욕심을 갖는 소유욕과 돈을 펑펑 써대는 낭비욕. 그 중간점은 뭘까? 아마도 돈에 대한 관대함이 아닐까 싶다. 돈에 대한 집착, 다시 말해 착취욕을 절제하고 그 중간점을 유지하는 것이 곧 미덕이다.

인간관계를 예로 들어보자. 관대함이란 이기주의와 이타주의의 중간점이다. 사람은 주기만 해서도 안 되고, 받기만 해서도 안 된다. 주고 받는 데도 균형이 있어야 한다. 지나치게 조용한 감정과 갑작스러운 분노와 같은 극단적인 행동의 중간점은 '온유함'이다. 자기 주장을 절대 굽히지 않는 고집과 남의 비위만 맞추는 아첨의 중간점은 '친절함'이다. 냉소적인 것과 방자함의 중간점은 '중용'이다.

아리스토텔레스는 용기를 어떻게 설명하고 있을까? 그리스어로 '안드레이아(Andreia)'는 '용기'와 '용감함'을 뜻한다. 독일어에서는 '용기'를 남에게 공격을 가할 때 필요한 능동적인 성향으로 해석하고, '용감함'을 공격에 대해 맞서는 수동적인 태도로 풀이한다. 남의 생명을 구하기 위해 자신의 목숨까지도 아끼지 않는 사람은 '용기'가 있고, 강한 적에게 자신의 목숨을 걸고 대항하는 군인은 '용감한' 사람이다. '두려움'에 대한 절제된 교제 방식이란 점에서 용기와 용감함은 일맥상통한다. 그래서 그리스어 안드레아가 '용기'와 '용감함'의 뜻을 모두 내포하고 있는 건지도 모르겠다. 아리스토텔레스는 두려움에 굴복하는 사람은 용감하지 못한 겁쟁이라고 말했다. 그가 일컫는 용감함이란 두려움에 굴복하지 않는 것이다. 용감한 사람은 두려운 상황을 인식하지만 그것에 제압당하지 않는다. 용감한 사람은 두려운 상황에서 혼란스러워하지 않고, 옳은 것을 판단할 줄 안다.

자신이 두려워하는 결과가 나올 것을 이미 알고 있음에도 그것을 택하는 것이 용기이다. 용기란 두려움이 없는 상황에서는 적용되지 않는 것이다. (따라서 액션영화에 나오는 용감한 영웅의 모습은 우리가 말하는 용기와는 아무런 관련이 없다.) 용기는 두려운 상황을 극복하는 막강한 힘이다. 두려움을 느끼면서도 그것에 대항할 수 있을까? 다시 말해 용기를 발휘하려면 두려움이라는 전제가 필요하다. 내면의 두려움을 극복하면서 상대방에게 힘겨운 진실을 말할 줄 아는 사람이 진정 용감하다. 자신이 죽을 수도 있다는 사실을 알면서도 물에 빠진 아이를 구하려고 뛰어드는 이가 실로 용감한 사람이다.

용기와 두려움의 관계는 지극히 주관적이다. 수천 미터 높이의 절벽에 매달려 있는데도 두려워하지 않고 즐기는 사람이 있는가 하면, 안전하기 짝이 없는 정상에서 경치를 바라보면서도 다리를 떨며 멀미를 하는 사람이 있다. 많은 사람이 전자가 용감한 사람이라 생각하지만 후자가 더 용감한 사람이다. 수십 명의 청중 앞에서 당당하게 프레젠테이션을 해내는 사원보다도, 몇 안 되는 직원 앞에서 땀을 뻘뻘 흘리며 간신히 발표를 마치는 소심한 부장이 더 용감한 사람이다. 회사 경영에 중요한 결정을 내리는 것은 누워서 떡먹기인데, 다루기 힘든 문제 직원에게 와인을 따라는 주는 건 너무너무 어렵다는 경영인도 있었다.

앞에서 언급했던 스님 또한 용감한 사람이다. 위험한 상황에서 도망간 다른 스님들과 달리 자신을 닥친 두려움에 대항했기 때문이다. 예상되는 결과는 죽음뿐이었으나 스님은 그에 대한 두려움으로 자신의 행동을 결정하지 않았다. 그저 태연하게 있었을 뿐이다. 물론 서양 철학자 아리스토텔레스가 정의 내린 용기와 스님의 행동은 일치하지 않는 것 같기도 하다. 스님은 정말 두려움이 없어 보인다. 그래서 두려움이 없다면 용기 또한 없는 것이라고 했던 아리스토텔레스의 정의와는 일치하지 않는다. 그런데 우리는 스님의 외적인 태연함만을 볼 뿐 그 내면을 들여다볼 순 없다. 어쩌면 그의 내면에는 두려움이 있지만 그에 저항하며, 자신이 옳다고 생각하는 행동을 취할 수 있는 에너지를 갖고 있었는지도 모르겠다. 지독한 폭력에 대항하는 옳은 행동이란 두려움도, 폭력도 아니었다. 그가 판단하는 옳은 행동 혹은 삶의 방식이란 불가피한 상황을 태연하게 받아들이는 것이었을 것이다. 이것이 곧 감정을 제어하는 방법이다. 스님의 용기는 상대방에게 감동을 주었다. 요컨대 용기는 상대방에게 큰 에너지를 발휘한다.

물론 스님의 이야기를 달리 해석할 수도 있다. 이 스님은 정말 두려움이란 것을 모를 수 있다. 어쩌면 그 단계를 넘어선 해탈의 경지에 도달해서 그는 죽음에 대한 두려움의 한계를 이미 넘어선 사람일지도 모른다. 용기는 훈련을 통해 기를 수 있다. 아울러 두려움이란 감정도 효과적으로 관리할 수 있다. 두려움을 극복하면 그것은 어느 순간 하찮은 것이 되어버린다.

용기도 궁하면 통한다

이 정도로 용기의 정의를 내릴 수도 있겠지만 이 책의 논제에는 아직 접근하지 못한 듯하다. 그동안 경영컨설턴트로서의 경험을 토대로 '용기'가 경영자들이나 리더들에게 필수인 이유가 무엇인지 이야기해보고자 한다.

물론 이에 대한 나의 답변은 주관적일 수밖에 없으나 답변은 의외로 간단하다. 용기는 경영자들이 급박한 상황에 처했을 때 필요한 최고의 능력이다. 용기를 가진 자는 강력한 설득력이 있다. 용기가 없는 자는 다른 사람을 설득할 수 없다. 그동안 내가 만났던 경영자들의 이야기를 참고하더라도 대부분의 갈등 상황은 스스로 용기가 부족하거나, 용기가 결여된 상사와 함께 일할 때 발생한다. 용기 없는 상사와 달리 용감한 경영자들은 그 행동을 통해 광채를 발한다. 인사 경영에서 용기가 얼마나 중요한지는 중역들 대부분이 알고 있을 것이다. 즉, '리더십 발휘'란 사실 아주 간단한 과제이다. 하려는 의지만 있으면 충분하다는 사실을 기억하라.

우리의 주변을 살펴보자. 당신의 상사는 용기 있는 사람인가? 그렇다면 당신에게 그로 인해 어떤 이로움이 있었는가? 당신의 상사 이외에 다른 사람들에게 모범을 보이는 또 다른 리더들을 떠올려보자.

현대사회는 우리를 많은 위험으로부터 보호해주고 있다. 그래서 용감하게 살아야 한다는 말이 우습기까지 하다. 몇백 년 전만 하더라도 인간이 살아남는 데 용기는 필수 조건이었다. 오늘날 우리는 재정에서 건강까지 대부분의 리스크로부터 철저하게 보호되고 있다. 그래서 구시대에서 살아남기 위해 용기가 얼마나 중요한 역할을 했는지 상상할 필요가 없어졌다. 옛날 예술이나 문학을 통해 충분히 상상할 수 있는데도 말이다.

그렇다고 해서 보험이라는 현대의 시스템에 반대하진 않는다. 하지만 오늘날 이 보험이라는 철저한 보호막으로 인해 용기가 구차한 것이 되어버린 건 사실이다. 등산을 하다가 사고를 당해도 구조 헬리콥터가 있고 휴대폰이 있다. 어디를 가도 완벽한 인프라가 갖춰져 있다. 아무리 위험한 상황이 닥쳐도 충격을 완화시켜 주는 방안이 존재한다. 이렇게 일상생활이 위험을 대비해 철저하게 보호되고 있다는 믿음 하나만으로도 용감할 이유가 없어 보이기까지 한다.

그럼에도 조직의 리더들에게 용기란 꼭 필요한 미덕이다. 우리의 일상생활에서 별로 중요치 않아 보이는 용기는 경영자들에게서 상당한 힘을 발휘한다. 물론 용기가 부족한 리더들도 많고 이들을 위한 간단한 처방전도 존재한다. 일상에서 적용할 수 있는 방식 혹은 업무 규정으로도 도움을 받을 수 있다. 미리 짐작하고 포기하고 그저 복종하는 것도 괜찮은 방법이다. 용기 없는 경영인들의 습성은 남의 눈치를 보고 결정을 미루는 것이다. 정치인들만 그런 게 아니다. 합리적인 대화를 이끌어가는 능력이 부족하기에 무조건 앞질러가려고만 할 때도 있다. 이런 무능력한 경영 방식에 '용기'란 아주 중요한 '처방약'이다.

그런데 아직도 용기에 대한 설명이 부족해 보인다. 용기란 개인적인 경험과 밀접한 관계를 맺고 있어 지극히 주관적이다. 한 가지 예를 들면, 경영자들을 가장 고민스럽게 만드는 것은 '다루기 힘든 문제 직원'이다. 갈등 상황은 주로 특정한 문제 직원 때문에 발생한다. 물론 이유는 여러 가지가 있을 수 있다. 회사에 악명이 자자한 불성실한 직원일 수도 있으며, 일을 엉성하게 해서 문제를 일으키는 문제아 직원일 수도 있다. 그리고 팀의 분위기를 망치는 직원일 수도 있으며, 대화 능력이 부족하거나 알코올 중독자일 수도 있다. 경영인 대부분은 최소한 한 명 이상의 '문제 직원'으로 인해 가슴앓이를 하고 있다.

A라는 팀장을 예로 들어보겠다. A의 팀은 평균 나이의 직원으로 구성돼있다. 그런데 언젠가부터 팀 분위기가 좋지 않음이 감지되었다. 원래 A의 팀은 회사 내에서도 직원 간의 협력이 잘 되기로 유명했는데, 한 직원 때문에 팀의 전체 성과에 브레이크가 걸린 상태이다. 물론 문제 직원은 악의를 품고 있는 게 아니라 그저 능력이 좀 떨어질 뿐이다. 이 직원으로 인해 동료들의 성과마저도 평가절하되는 상황이며, 고객과의 갈등 상황에 재정 문제까지 엎친 데 덮친 격이 되고 말았다. 게다가 업무의 데드라인을 지키지 못하는 상황도 면치 못하고 있다.

팀장은 이 직원의 사정을 이해하기는 하지만, 팀 분위기를 다시 살리기 위해서는 해결 방안을 찾아야 한다. 그는 여러 번 문제 직원과 대화를 했고, 그때마다 문제 직원은 자신의 실수를 인정하고 더 열심히 노력하겠다고 약속했다. 하지만 상황은 그대로였다. 이때 A팀 팀장의 용감한 결정은 무엇이겠는가? 문제 직원을 해고하는 것이 최선의 방책일까? 아니면 그에게 좀더 관심을 기울이고 더욱 아낌없이 지원해야 할까? 과연 당신이라면 어떤 조치를 취하겠는가?

문제 직원을 몰아세울 수도 있고 최후 통첩을 할 수도 있을 것이다. 그러나 일의 성과가 떨어지는 것이지 그가 나쁜 사람은 아니다. 위협하기보단 도움을 주는 편이 낫지 않을까? 그런데 그렇게 하면 팀장으로서 분위기 파악을 제대로 못했다는 비판을 받을지도 모른다는 생각에 걱정스럽다. 어쩌면 다른 직원들과 충돌을 빚을 수도 있다. 이러한 팀장의 결정은 팀 전체의 불만을 살 수도 있다.

이제 다시 한 번 실수했을 땐 곧장 해고해 버릴 것이라는 결정이 과연 용감한 행동일까? 결과에 상관없이 어려운 결정을 내렸다는 것 자체는 용감한 행동이다. 한편으로 문제를 해결하기 어렵다고 생각하면서도 빠른 결정을 내리는 사람이 있는데, 이건 용기가 있어서라기보다 두려움 때문에 조급한 행동을 취한 것일 뿐이다. 어렵지만 올바른 결정을 내리기 위해서는 자신의 취약점을 극복하고 정당한 논쟁을 펼칠 수 있는 담대한 마음가짐을 갖춰야 한다.

문제 직원이 있으나 어렵게 생각하지 않는 상사도 있다. 이런 유형은 갈등이 발생했을 때 문제 직원과 허심탄회한 대화를 나눌 줄 안다. 그렇다면 이런 상사가 용감한 것일까? 용감하다는 것은 행위를 통해 판단할 수 있는 게 아니다. 중요한 것은 그 행위가 두려움을 극복한 것이었는가, 아닌가 하는 것이다. 만약 문제 직원과 적절한 시기에 대화를 나누는 것이 두려움을 극복한 행동이 아니라면, 그것을 두고 용기 있다고 말할 순 없다. 그와 달리 직원과 대화를 나누는 행동 자체를 두려워하면서도 실행했다면 그것이 바로 용기 있는 행동인 것이다.

물론 이런 예들이 용기를 설명하기에 부족할 수도 있다. 결정적인 행동은 그 상황과 관련자들의 판단으로 이뤄지기 때문이다. 다만 이 예는 용기 있는 행동과 그렇지 않은 행동의 차이를 보여준다.

어떠한 행위를 시도할 때 두려움이란 감정이 엄습해왔다고 하자. 그럼에도 그 행동을 취했다면 용기 있다고 말할 수 있다. 이렇듯 용기란 주관적인 것이다. 결정의 결과에 대한 두려움이 엄습해오지만, 그럼에도 확신을 가지고 일을 추진해나가는 것이 바로 용기이다. 용기는 두려움이란 감정이 전제되어야 한다는 부정적인 요소가 있으며, 이것은 '자기 확신'이라는 긍정적인 요소로 보충된다.

'자기 확신'도 다루기 어려운 주제 중 하나이다. '자기 확신'의 필요성에 관심이 없는 사람들은 그저 될 대로 되라는 식으로 사는 것이 더 편하다고 말한다. 그와 달리 자기 확신을 통해 자신의 의견을 피력하는 사람들도 있다. 또한 문제 직원이 추후 어떻게 행동하는가를 지켜보면서 나약한 자에 대해 큰 인내심을 발휘하는 사람도 있다.

다시 한 번 아리스토텔레스에게로 눈을 돌려보자. 아리스토텔레스는 현명한 자의 중용과 이성을 통해 결정되는 선택적 행위를 미덕으로 보았다. 극단적인 행동의 중간점을 지키라는 것은 명백하고 일관성 있는 행동을 거부하라는 말이 아니다. '중용'이란 이성을 통한 현명한 결정력을 말한다. 이성이란 판단을 내릴 수 있는 기준이며, 최종의 결정력이다. 이를 통해 '자기 확신'이 가능하다. 아리스토텔레스가 말하는 이성은 도덕적인 성격을 갖추고 있다. 이번 장에서는 간단하게 언급만 하고 6장에서 좀더 자세하게 다루도록 하겠다.

여기에서 자기 확신이란 주변 환경을 파악하지 못하는 고집스럽고 눈먼 확신이 아니라, 이성을 토대로 한 행위의 기본이다. 어떤 기준으로 자신의 생각이 '자기 확신'이 되는지 살펴보자. 두려움을 느끼지만, 그럼에도 자신의 결정을 추진했던 적이 있는가? 용기 있는 행동이란 사실을 탐지할 줄 알고, 행위의 가능성을 고려한 후, 이를 통한 자기 확신을 가지고 행동하는 것이다. 물론 두려움이 몰려와도 그에 현혹되지 않는다.

앞에서 이미 언급했듯 용기란 일상생활에서 항상 필요한 것은 아니다. 그래서 용기는 리더의 필수 미덕임에도 그 필요성을 자주 잊게 된다. 즉, 다음 명제가 성립된다. '용기는 항상 필요한 것은 아니다. 하지만 필요할 경우에는 매우 결정적인 힘을 발휘한다.'

직원들의 뛰어난 업무 성과를 기대하는 기업이라면, 커뮤니케이션

규칙을 비롯하여 갈등 해결을 위한 방법을 적용하고 있을 것이다. 물론 성과를 평가하기 위한 증명된 도구도 존재할 것이다. 경영자들 대부분은 리더의 자질이 무엇인지 이미 학습한 상태일 것이다. 중요한 것은 알고 있는 것으로 끝나는 게 아니라 행동으로 옮기는 일이다.

과연 학습한 내용을 실제 상황에 적절하게 조용할 수 있을까? 자신의 취약점이 드러날 수밖에 없는 상황이 닥칠 경우 대부분이 학습한 지식을 사용하면 된다고 생각한다. 그러나 긴박한 상황이 닥치면 학습한 내용마저 잊어버리기 십상이고 대충 타협을 하면서 문제를 해결하게 된다. 즉, 이런 상황에서는 결국 자신의 성향에 의지하기 쉽고 학습한 기술과 지식은 무용지물이 되어버린다.

용기는 학습한 기술과 지식 이상의 위력을 발휘한다. 소심한 경영으로 실패를 거듭한 경영자들에게도 용기는 대단한 힘을 발휘할 수 있다. 자신의 취약점이 그대로 드러날 수밖에 없는 상황, 즉 두려움이 엄습하는 상황이 닥쳤을 때 리더의 지도력이 그대로 판가름되기 마련이다. 요컨대 이런 상황에서 '용기'가 필요하다.

두려움이 엄습해오는 상황에 부딪혔을 때 자신의 모든 취약점이 드러난다. 즉, 이 순간은 자신의 권위를 증명해야만 하는 숨 가쁜 상황이 되어버린다. 우리는 말과 행동이 일치하는 사람을 높이 평가하고 거짓된 사람을 멸시한다. 진실한 사람은 강력한 설득력을 갖추고 있다.

남들에게는 이래라저래라 하면서 정작 자신은 그렇지 못하다면, 이것은 정말 부끄러운 일이다. 내적인 생각과 외적인 행동이 일치하는 사람인지에 대해서는 우리는 직감적으로 느낄 수 있다. 말과 행동이 일치하는 사람은 다른 이들의 관심을 끄는 비상한 매력이 있다. 용기란 자기 확신을 증명할 수 있는 시간이 짧게 제한되어 있을지라도 결정적인 힘을 발휘한다.

참된 인성을 갖추고, 많은 사람들의 존경을 한몸에 받고 있는 리더를 한번 떠올려보자. 왜 그 사람이 떠오르는가? 그 사람을 통해 신뢰와 확신이 느껴지는가? 어쩌면 그가 어떤 특정한 상황에서 신뢰할 수 있는 사람임을 증명했는지도 모르겠다. 당신이 높이 평가하는 그 리더는 과연 용감한 사람인가? 아마 그럴 것이다. 다음 장에서는 리더에게 용기가 왜 중요한지를 좀더 자세히 살펴보도록 하겠다.

미덕으로서의 용기: 진정한 삶을 위한 결정

아리스토텔레스의 말에 따르면 진정한 삶을 구분하는 결정적인 요소는 두 가지 극단적인 요소의 중간점을 찾아, 감정을 적절하게 조절하는 것이라고 했다. 이러한 정의를 좀더 정확하게 이해하기 위해서는 보충 설명이 필요할 것 같다. 이미 언급한 예를 통해서도 어떻게 사람들을 다뤄야 하는지 확인할 수 있었을 테지만 말이다.

미덕이란 어느 특정 상황에서 어떠한 행동을 취하는가와 관련이 있다. 같은 상황인데도 이런 행동을 일삼았다가 또 저런 행동을 일삼는 사람, 그리고 상황에 따라 진실의 중요함을 강조하면서도 거짓말을 일삼는 행동은 거짓된 사람들의 습성이다.

행동의 일관성은 매우 중요하다. 확고함은 우리가 말하는 미덕과 관련이 있고, 이는 태도를 통해 나타난다. 물론 이런 태도는 그저 익숙해진 습관일 수도 있다. 어쨌든 가장 중요한 것은 모순 없이 항상 확고한 인성이다.

아리스토텔레스는 '선택적 태도'를 하나의 미덕이라고 했다. 이러한 미덕은 매번 변하는 상황에서도 같은 방식으로 반응하는 천성이다. 현대인들이 더 쉽게 이해하도록 설명한다면 미덕이란 인간의 주관적인 확신이다. 이 확신은 이성을 통해 결정되지만, 동시에 감정에 깊은 뿌리를 두고 있다. 이는 인간의 천성이 되고, 그의 외적 표현과도 일치한다. 이를 성격적 천성이라고 한다. 인간에게 기술이란 상황에 따라 필요할 때 나타나는, 습득한 방식이며 이는 원할 경우 언제든지 사용을 중단할 수 있다. 또한 전문 능력은 누구나 배우면 활용할 수 있는 것으로 여겨지기도 한다.

능력은 활용할 수도 있고 활용하지 않을 수도 있다. 그와 달리 미덕에는 자체적인 강요의 힘이 있다. 미덕은 상황에 따라 발생하는 행위 그 이상을 의미하는 것이다. 모든 상황에서 자신의 행위를 결정하는 미덕이 천성이라고 할 때 이것이 용기와 무슨 관련이 있을까? 이는 두려움이 엄습해올지라도 두려움에게 결정권을 주지 않는 것과 연관돼 있다.

모순되는 말 같기도 하다. 상황에 따른 즉흥적인 행위와 실질적인 천성이라는 말의 의미는 무엇일까? 마틴 하이데거(Martin Heideggers 1889-1976)의 사고가 이 모순을 설명해줄 수 있을 것 같다. 하이데거는 두려움(Furcht)과 불안감(Angst)의 차이를 이렇게 설명했다.

두려움이라는 감정에는 구체적인 대상이 존재한다. 불안은 이에 비해 대상이 추상적이다. 사람은 무엇인가를 불안해 한다. 이는 특정한 상황 때문이기도 하며, 어쩌면 일어날지도 모르는 그 어떤 추상적인 사건 때문이기도 하다. 불안감이란 구체적인 두려움에 대한 전제 조건으로, 기초적이면서 원초적이다.

불안감은 어디에 존재하는가? 하이데거의 논리를 잘 이해하기 위해서는 우선 그의 사고방식을 알아둬야 할 것이다. 하이데거는 존재 철학에 있어 그의 주요 저서라고 할 수 있는 《존재와 시간 *Sein und Zeit*》(1927)에서 인간 존재의 기본 정의를 기술하고 있다.

우리 인간은 아무런 조건 없이 세상에 버려졌다. 이로써 인간의 삶이 시간적으로 제한되고, 어떤 삶을 살아가야 할지 결정되었다. 그리고 인간은 세상에 버려지면서 무한한 자유를 선물로 받았다. 불안감은 이러한 환경에서 발생된다. 즉 "세상에 존재한다는 것 자체가 인간에게 불안감을 안겨준다." 인간은 자신이 존재한다는 사실과 세상에 버려졌다는 사실 그리고 고독, 언젠가는 죽을 것이라는 가능성과 자신에게 주어진 자유 때문에 자신의 삶 자체를 불안해 한다. 살아 있는 동안 자신에게 주어진 자유와 거부할 수 없는 자신이라는 존재를 이끌고 살아가야 하며, 자신의 삶을 자신의 책임 하에서 설계해야만 한다. 그리고 스스로의 존재를 정의해야 한다는 것 자체에 어지럼증을 느낀다. 마치 낭떠러지 앞에 서 있는 것 같다. 즉 하이데거의 사고에 따르면 인간은 선물로 받은 자유로 인해 불안감과 더불어 살게 된다는 것이다.

이러한 불안감을 그대로 대면하는 사람이 있는가 하면, 그 불안감에서 도망치는 사람도 있다. 우리는 대부분 도망가는 쪽을 선택한다. 하이데거는 이러한 삶을 '일반인의 삶'이라고 불렀다. 이런 사람들은 다른 이들이 하는 대로 따라하며 살아간다. 남들이 돈을 벌기 위해 일하러 가면, 자신도 돈을 벌기 위해 일하러 간다. 남들처럼 가정을 이루고, 저녁이면 텔레비전을 본다. 자신만의 삶을 선택하는 것이 아니라 일반인의 삶을 자신의 것으로 만든다. 결국 남들이 사는 방식이 곧 그들의 삶의 방식이다. 하이데거는 이와 같은 일반인의 삶은 '본연의 삶'과 다르다고 했다.

그는 존재에 대한 불안을 회피하지 않고, 자유를 두려워하지 않고 기꺼이 받아들이며, 스스로 책임지는 삶을 사는 자만이 영원한 삶을 산다고 말했다. 인간이 자신의 모든 결정과 자신의 인생을 존재의 기본 상황에 알맞게 형성해나가는 과제도 영원한 삶을 살기 위한 방법에 포함된다. 이러한 인간 유형은 자신이 제한된 시간에 살고 있다는 것을 인정하고 어쩌면 내일 죽을지도 모른다는 사실을 받아들이는 것이다. 일반화된 사실을 따르기보다는 자기 내면의 목소리를 따른다. 자신이 인생을 통해 무엇인가를 하고자 하고 또 그것을 행할 수 있지만, 그렇다고 해서 모든 것을 해야 할 필요는 없다는 것도 잘 안다. 자신의 행동에 스스로 책임을 질 줄 알고, 자신의 행동을 그대로 인식한다. 불안을 밀어내기보다는 그대로 받아들인다. 또한 자신이 언젠가는 죽는다는 사실을 알고 있으며 이를 인정하고 살아간다. 그래서 하이데거는 "시간은 우리를 제한하고 있다. 우리의 삶이란 죽음을 향해 열심히 달려가는 과정이다"라고 표현했다. 말은 쉽다. 그리고 왠지 너무 당연한 것처럼 느껴지기도 한다. 하지만 잘 생각해보면 이런 질문들이 떠오른다. '얼마나 많은 사람이 이렇게 살아가고 있을까? 과연 이렇게 살아가는 사람들이 있을까? 소크라테스, 예수님, 공자, 부처님, 마더 테레사 그리고 몇 명의 노벨 평화상 수상자들?'

이들이 어쩌면 하이데거의 정의에 적합한 사람들일지도 모르겠다. 하지만 그들만으로 제한되지는 않을 것이다. 본연의 삶을 살아가면서도 세상에 드러나지 않는 사람들이 많다. 어쩌면 당신도 본연의 삶을 사는 사람일지도 모른다!

조용한 시간에 한번 깊이 생각해보자. 당신의 인생 기준이 무엇인가? 어떤 기준이 결정적인 순간에 가장 유효하게 발휘될까? 이때 용기가 필요하다. 구체적인 두려움과 갈등의 상황이 오면 용기가 필요하다. 모든 사람은 용감해질 수 있다. 항상 용감한 사람이 있고, 어쩌다가 용감한 사람이 있다. 항상 용감하다가도 어떤 특정한 상황에서 용기가 꺾이기도 한다. 미덕으로서 용기는 존재에 대한 불안감에 대항할 수 있는 힘을 준다. 자신의 인생을 스스로 선택할 줄 알고, 불안에 현혹되지 않으며, 일반적인 기준을 잣대로 자신의 행동을 결정하지 않는다. 오피니언 리더에도 흔들리지 않는다. 인생은 한 번의 결정으로 마무리되지 않는다. 매번 새로운 결정이 필요하고, 이를 통해 인생의 방향을 다시 확인하게 된다. 용기는 이러한 의미에서 미덕이며, 하나의 성향이다.

이 책의 핵심인 용기라는 주제로 돌아가 보자. 매번 강조하지만 용기는 리더가 반드시 갖춰야 할 필수 능력이다. 리더의 인성에서 용기만큼 중요한 것이 또 있겠는가? 물론 대화 능력이나 갈등 해결 능력, 감성적 지능 또한 중요하다. 리더로서 성공하고 인정받기 위해 사회적 능력도 빼놓을 순 없다. 그러나 이런 사회적 능력에 관한 책을 따로 쓸 필요성은 못 느끼겠다. 우리가 익히 알고 있는 너무 뻔한 얘기가 나오지 않겠는가? 그러나 용기는 다르다.

미덕으로 표현될 수 있는 용기는 우리가 생각하는 것보다 훨씬 중요한 의미가 있다. 그럼에도 이에 관한 토론은 별로 행해지지 않았다. 앞으로 인성적 특성, 성향으로서의 용기가 리더의 다른 능력에 비해 훨씬 중요한 역할을 한다는 사실을 확인할 수 있을 것이다.

용감한 성향을 갖춘 사람은 용기 있는 대화를 이끌어갈 수 있다. 짚고 넘어가야 할 문제를 거론할 줄 알고, 문제에 봉착했을 때 이를 회피하지 않고 대면할 수 있는 능력이 있다. 또한 과장된 표현으로 남을 배려하기보다는 불명백한 대화로 상대방과 눈높이를 맞추는 대화를 이끌어갈 수 있다. 용감한 리더는 갈등을 회피하지 않고 그것에 정면으로 대응한다. 긴장된 분위기를 극복하고 문제를 덮기보다는 오픈해서 해결할 줄 안다.

이런 리더는 다른 이들의 이해심을 얻는 데 탁월한 능력을 발휘하고, 문제 해결에 능하며 주변인들의 흥미를 불러일으킨다. 발생한 문제를 남에게 미루지도 않는다. 지위에 의존하지 않고, 모두에게 정당하고 평등한 방식으로 문제를 해결한다. 이를 통해 감성적인 지적 능력을 보여준다. 한마디로 표현하자면 용기란 리더 능력을 리더 미덕으로 변환시킨다. 물론 훌륭한 리더가 되기 위해서 용기만으로는 충분치 않다. 하지만 그 모든 능력을 갖추었다고 해드 용기가 없으면 아무런 소용이 없다. 용기는 모든 미덕을 빛나게 하는 요소이다.

용기는 순간적인 성향이 아니다. 용기는 사람을 다루는 기술을 결정하는 성향으로서 더욱 빛난다. 그리하여 용기를 진정한 삶을 살기 위한 기본적인 결단력이라고 표현하면 어떨까? 당신은 과연 용기 있는 길을 가고 있는가?

■ **용기에 대한 정의를 요약해보자**

1 용기란 두려움에 대항할 때 생겨난다. 두려움의 대상과 정도는 사람마다 다르다.

2 용기는 두려움이 엄습해오는 순간, 두려움에 결정력을 부여하지 않고 이성적 확신을 통해 대처할 수 있도록 도와준다. 용기는 두려움을 회피하기 위해 쉬운 것을 선택하기보다는 옳은 것을 선택할 수 있도록 도와준다.

3 사람을 설득하고 얻고 지도하기 위해서는 용기가 필요하다. 이를 통해 주변인에게 믿음과 확신을 줄 수 있다. 신뢰를 얻는 데는 말과 행동의 일치가 중요하다. 물론 두려운 상황에서 말과 행동을 일치시키는 것은 어려운 일이다.

4 단호하게 행동하는 것을 두려워하거나 두려운 상황이 발생할 것이라는 전제를 두고 행동하기보다는, 근본적으로 자신이 옳다고 생각하는 것을 행하는 것이 바로 미덕으로서의 용기이다. 존재에 대한 두려움이 있는 상태에서 본연의 삶을 이끌어나가는 의지가 곧 용기이다.

5 용기는 리더가 갖춰야 할 필수 요소이다. 용기가 없는 리더의 능력이란 결정적인 순간에 실패하고 마는 단순한 기술에 불과하다.

타임아웃 1 : 철학

이 책은 철학서이기도 하다. 앞으로 이 책의 가장 중요한 핵심인 용기에 대해 설명하면서 이와 관련된 철학적 내용을 언급하고자 한다. 용기가 무엇인지를 설명하는데 왜 자꾸 철학을 들먹거리는지 궁금할 것이다. 요즘에는 책이나 미디어를 통해 철학 이야기가 참으로 많이 나온다. 기업들은 인간의 생활을 좀더 편리하게 만들겠다는 기업 철학을 내세우며 제품을 판매하는 데 열을 올리고 있다.

기업 철학이 플라톤이나 칸트의 사상과 무슨 관련이 있을까 의문이 들지도 모르겠다. 물론 내가 이 책을 통해 언급하려는 철학가들도 서양의 대(大)철학가들인 소크라테스 이전 철학자부터 하베르마스(Habermas)와 롤스(Rawls)까지 광범위하다. 철학은 2500년 역사가 있고, 화학이나 경영학처럼 하나의 학문으로서 대학어서나 배울 수 있는 최상위 개념이다. 학문으로서의 철학에 대한 평판은 두 가지로 나뉘는데 그중 하나가 실생활에 별로 기여하지 못하는, 자기만족을 추구하는 학문이라는 것이다.

이러한 편견은 오랫동안 논쟁의 대상이 되고 있다. 대철학가들의 사상도 그저 전통으로만 여겨지며 종교처럼 숭고하게 다루어질 뿐이다. 서양 철학 역사에서 플라톤의 주석이라 볼 수 있는 버트런드 러셀(Bertrand Russel)을 예로 들어볼 수 있겠다. 또한 헤겔이나 니체 그리고 하이데거와 같은 철학자에게 광란하는 팬들도 많다. 그러나 지나친 관심이 좋을 건 없다. 철학이라는 학문을 무조건 우습게 여기는 실용주의자들처럼, 대철학가들의 사상을 무조건 숭배하는 것도 지나치긴 매한가지다.

철학은 사고와 사상, 논증으로 구성된 거대한 정신적 도구 상자와 같다. 그것을 철저하게 살펴보는 것은 아주 중요한 일이다. 망치나 드라이버가 지독하게 녹이 슬어 더는 사용할 수 없거나, 사용해도 별 문제가 없을 수도 있다. 직선적으로 말하면, 구시대의 설명과 논증이 현대인들이 이해하기엔 적절치 못한 부분이 있다는 뜻이다. 물론 부분적인 편견도 간과해서는 안 될 것이다.

그럼에도 이 대단한 철학을 제대로 인식할 줄 아는 사람들이 있다. 그들은 철학이 우리 생활에 어떤 도움을 주는지 알고 있다. 그들은 철학가의 사상이 확신에 찬 논증과 총명한 사고라는 점, 시간도 초월한다는 사실을 이미 알고 있다. 철학이란 인간이 존재하는 역사를 거쳐 위대한 사고를 통해 만들어진 것이다.

일반인들이 보기에 철학적인 이야기는 왠지 접근하기 어려운 것처럼 보인다. 시간적으로나 문화적으로 거리감이 느껴질 뿐만 아니라, 낡아 보이는 언어 표현도 그저 어색할 따름이다. 그 안에서 철학적 사고를 인식하고 사용하기 위해서는 시도해야 할 것도 많아 보인다(예컨대 철학이 성립된 시대를 깊이 이해하고 그 당시 철학자들의 사상 배경을 읽을 줄 알아야 하며, 해석도 할 수 있어야 한다). 오래되고 어색하기 짝이 없는 언어 표현의 먼지를 털어내고 현대적이면서도 수월하게 이해할 수 있는 언어로 해석할 수 있어야 한다.

그 다음 단계로 중요한 작업은 설득력 있는 논쟁인지를 판단하고, 오늘날에도 적용할 수 있는 사상인지 검증해야 한다. 우리 시대와 연관하여 의미가 있는 논증인가?

철학은 편견 없는 명백한 학문으로 다뤄야 할 건조한 개념이 아니라, 일상생활에서도 충분히 적용할 수 있는 유용한 개념이다. 바로 당신도 활용할 수 있다. 우리는 철학에 더욱 성공적으로 접근할 수 있다.

신에 대해서도 그렇고 철학에 대해서도 세상은 이런저런 말이 많지 않은가?

철학이 발견하고 증명한 사실은 굉장히 대단한 것이다. 철학이 답변한 것은 우리 삶에서도 아주 중요하다는 사실을 기억하라. 인생을 어떻게 살아가면 좋을까? 우리 존재의 의미는 무엇일까? 안타깝게도 자연과학은 이런 질문에 대해 답변해주지 못한다. 그와 달리 심리학자나 경제학자 같은 사회과학자들은 이에 대해 풍부한 인식을 제공해주고 있다. 물론 이들의 연구 결과는 실생활에 적용할 수도 있어 그 효과 또한 상당하다.

우리는 철학이 학문으로서는 설득력이 있을지라도 왠지 우리의 삶과는 동떨어져 생활에 있어서는 실질적인 답변을 주지 못할 것이라는 선입관을 가지고 있다. 현금 유동성을 조사하는 데 철학이 어떠한 답변을 해줄 수 있겠는가? 물론 심리학 책이 중년의 위기를 극복하기 위한 직접적인 방법을 말해주지는 못한다. 그러나 우리 삶과 관련된 문제와 경영인들이 접하는 문제는 철학과 상당한 관련이 있다. 논증만 철저하게 점검한다면 적절한 답변을 찾을 수 있는 것이 바로 철학이다. 철학은 사회과학의 견해를 살피도록 도와주고 스스로 답변을 찾도록 해준다.

첫 번째 장에서 용기가 무엇인지를 이해하는 데 철학적 관점으로 살펴보는 것이 얼마나 효과적인지 확인했다. 아리스토텔레스 철학과 하이데거 철학을 통해 우리는 철학에 대한 접근이 얼마나 가치 있는 시작점인지도 알 수 있었다. 이들의 철학을 통해 우리는 용기가 리더들에게 필수 미덕이라는 논증의 기초를 확인했다. 계속해서, 대철학가들의 사고를 인용하며 리더십의 개념과 용기를 살펴보도록 하겠다.

2

리더십, 인성을 통해 타인에게 영향을 미치는 것

리더십의 철학적 근거
리더십의 다섯 가지 구조와 동기
오늘날의 리더십

2 | 리더십, 인성을 통해 타인에게 영향을 미치는 것

리더십이란 무엇인가? 이 책에서 다루고 있는 중요한 주제임에도 처음 던지는 질문이다. 과연 이에 대한 답변이 술술 나오는가? 일본 스님의 이야기와 현대의 한 경영인을 같은 부류로 볼 수 있겠는가? '리더십'이라는 말을 상황에 따라 달리 이해할 수 있겠는가? 이 장에서는 이와 반대되는 논증을 대변하고자 한다. 리더십이란 결국 어디서나 근본적으로 같은 활동이기는 하지만, 리더의 과제는 상황에 따라 항상 다르다.

훌륭한 리더십, 성공적인 리더십이 무엇인지 결정하는 기준은 항상 동일하다. 세 단계로 이 논제를 살펴보자. 우선 '철학'이 말하는 '리더십'이 무엇인지 요약해보도록 하겠다. 이 내용을 통해서 리더십이라는 개념의 중요한 특성을 다섯 가지 구조로 설명할 것이다. 마지막으로, 이 책이 기초하는 기준에 맞춰 쉬운 설명을 덧붙이겠다.

리더십의 철학적 근거

대철학가들이 과연 '리더십'이라는 주제에 관심을 기울였을까 하는 의심이 들 것이다.

경제산업시대에서 '리더십'이란 직원을 가르치고 이끌어가는 일이라고 정의를 내릴 수 있다. 18세기 후반, 산업화 이전에는 오늘날의 기업 모습은 상상도 할 수 없었다. 대부분 경제활동은 농업과 수공업으로 이루어져 있었고, 농부나 장인이 경제에 참여하는 중요한 구성원이었다. 그 구성원도 노예나 식모, 장인, 실습생이 지배적이었고, 당시 '리더'라는 말을 철학적으로 설명하기도 난감했을 것이다.

18세기에 들어와서 계몽주의를 통해 고용자들은 단순히 돈을 벌기 위해 일하는 노동의 객체가 아닌, 자기 권리를 가진 존재라고 주장하게 되었다. 만약 인권이라는 인식이 없었다면 노동자는 주인이나 고용인의 권력에 의해 마음대로 휘둘렸을 것이다. 이런 관점에서 고용자와 피고용자의 관계를 바라본다면 철학적 사고가 가능할 수 있다.

철학은 경제에서의 '지도(경영)'보다는 정치에서의 '지도(통치)'를 더 잘 설명하고 있다. 훌륭한 국가 조직이란 무엇인가? 누가 국가를 통치해야 하는가? 정치적 리더는 어떤 능력을 갖춰야 하는가? 훌륭한 리더로서 역할을 다하려면 어떠한 목적과 가치로 리더 과제를 수행해야 하는가? 정치적인 철학에 대한 핵심 질문은 이미 그리스 시대부터 토론되어 왔다. 이에 대한 답변은 물론 동시대 사회의 정치적 환경과 밀접한 관련이 있었고, 이러한 배경에 알맞게 평가되고 있다.

즉, 그들의 사고를 제대로 파악하려면 철학자들이 살았던 시대의 제도적 환경을 정확하게 이해해야 한다. 그렇다고 해서 대철학가들이 우리에게 말하는 '지도(통치)'를 현대 사회에 적용할 수 없다는 뜻은 아니므로 주의하길 바란다.

이제부터는 고대부터 18세기까지의 정치철학을 훑어보도록 하겠다. 이때 다음 질문에 중점을 둔다. 어떤 사람이 국가의 정치적 리더 역할을 해야 하는가? 지휘권은 누가 인정해야 하는가? 지휘란 무엇인가?

플라톤(기원전 427-348): 지도권에 대한 철학적 요구

그리스의 대철학가들은 정당성에 대한 사고를 중시했다. 이때 말하는 정당성이란 국가의 최고 조직이나 인간의 태도나 신념에 대한 정당성이다. 플라톤은 자신의 주요 저서인 《국가론》(기원전 350)에서 정당성에 대한 이론을 펼쳤다. 플라톤은 '정당성'을 일반적인 의미에서의 '타당성'으로 이해하고 있다. 플라톤은 모든 사람은 각자의 '영혼'이 있으며 자신에게 타당한 과제를 수행한다고 보았다. 즉, 국가의 사회적 단체도 마찬가지로 타당한 과제를 수행해야 한다. 플라톤은 이 '영혼'을 욕구, 의지, 이성이라고 말한다. 이때 절제와 미덕, 용기와 지혜 그리고 그에 알맞은 과제가 포함된다. 여기서 중요한 것은 열정이나 눈먼 의지가 아닌 이성이다.

국가는 생산자, 군인, 정치가로 구성되어 있다. 농부와 수공업자들은 물건을 생산하고, 군인(오늘날 공무원, 경찰, 군인으로 이해할 수 있음)은 국가 질서를 정비한다. 그리고 현명한 자가 국가를 통치해야 한다.

플라톤은 정치적 지휘 역할을 철학적으로 설명한다. 국가의 복지는 정치적 지휘 역할에 크게 의존한다. "철학자가 왕이 될 수 없거나, 왕 혹은 통치자가 근본적으로 철학을 이해하지 못하면 통치와 철학을 조율할 수 없고 공명정대하지 않다면 국가는 회복될 수 없다."

"철학자가 통치권을 가져야 한다!" 이 말은 마치 플라톤의 자기 홍보 문구처럼 들린다. 이것은 교수들이 대통령이 되고 기업가가 되어야 한다는 말처럼 들리지만, 결코 그런 뜻은 아니다. 우리가 중점적으로 살펴봐야 할 것은, 직업에 대한 표현과 정의가 아니라 논증이다. 국민을 이끌고 국가의 지배권을 가진 한 사람으로 인정받는다는 것의 핵심은 미덕과 통합 그리고 지혜이다.

플라톤은 진실하고 선의 개념을 인식한 사람 그리고 근본적인 것이 무엇인지를 아는 사람을 지혜롭다고 했다. 이들은 국가의 정당성을 수립하려는 사람이다. 그들에게 중요한 것은 선을 인식하고 행하는 일이다. 그들은 자신의 이익을 따르기보다는 모두가 더불어 살아가는 길을 따른다.

그들은 권력을 중시하지 않으며 근본적인 의무를 중시한다. 그들에게 지배자의 위치는 특권이 아니라 부담스러운 과제일 뿐이다. 플라톤은 이런 방식을 취해 의도적으로 권력을 매력적이지 않은 것으로 표현했다. 지배자는 개인 자산도 용납되지 않고, 가족이 있어서도 안 된다고 했다. '철학의 왕'은 이런 특별한 미덕을 기초로 국민의 평안을 위해 노력하는 사람이라는 가정 아래 지배권의 정당성이 성립된다. 플라톤이 언어와 역사적 벽을 넘어 전하려는 메시지는, 확고한 견해와 성품을 갖춘 사람이 국가를 지배해야 한다는 것이다.

물론 다른 시대의 언어적 표현이긴 하지만, 현대인들도 이에 대해 반론을 제기하진 못할 것이다. 과연 경영자들이나 리더들은 자신의 역할을 수행할 때 이런 고대 철학 사상을 적용할까? 위의 내용이 자신의 경험과 일치하는지, 또는 이런 견해와 사상을 갖춘 리더를 본 적이 있는지 곰곰이 생각해볼 일이다.

아리스토텔레스(기원전 384-322): 공인을 위한 지혜

플라톤의 제자인 아리스토텔레스 역시 지후 권에 대한 인정을 미덕으로 본다. 물론 정치에 대한 이해의 관점은 이상주의자 플라톤과 완전히 달라 보이기도 한다. 아리스토텔레스는 계급사회에서 살았다. 정치적 권력이란 소수의 사람만이 누릴 수 있는 사치였다. 여자, 어린이, 노예는 아무런 힘도 없었고, 수공업자들도 마찬가지였다.

아리스토텔레스는 이러한 완벽한 계급사회를 대변하고 있다. 가장 작은 사회의 형태로서 가족부터 국가까지 다루고 있는 그의 저서《정치학》(기원전 345-325)에서는 인간과 인간 집단의 정치, 경제, 사회적 관계를 분석하고 있다.

그는 모든 집단은 지속적으로 변화하고, 서르 의존성이 있는 부분으로 이뤄진다는 것을 원칙으로 삼는다. 가족이라는 사회를 예로 들면, 주인을 필요로 하는 노예와 노예를 필요로 하는 주인으로 이루어진다. 아리스토텔레스는 상위와 하위의 관계는 자연 세계에서도 마찬가지라고 보았다. "어떤 사람은 자유로운 삶을 살아가고 어떤 사람은 노예로서 살아가는데, 노예도 결국 세상에 필요한 존재이며 노예로 존재하는 것 자체도 정당한 처사이다." 아리스토텔레스는 여자와 남자의 관계도 노예와 주인의 관계를 설명하는 방식으로 설명하였다.

아리스토텔레스는 어쩌면 우리가 기이하게 생각할지도 모르는 자신의 생각을 다음과 같이 조심스럽게 표현했다. "사람들은 모두 다르다. 각자 다른 능력을 가지고 있다. 각자 계급이 다르고 나이가 다르다. 그리고 그에 알맞은 각자의 미덕을 갖추고 있다." '노예는 주인처럼 사고하는 능력이 없다. 여자는 사고력은 있되 결정력이 없으며, 남자는 결정력은 있되 아직 덜 성숙한 존재이다."

국가의 지휘권은 도시국가의 목표를 달성하는 데 가장 적절한 능력을 갖춘 자에게 주어져야 한다. 이는 물론 국민의 공익과 행복을 위한 것이다. 또한 아리스토텔레스는 지배의 정당성을 지배자의 미덕으로 보고 있다.

바로 이것이 아리스토텔레스가 보는 국가에 대한 지혜이다. 정당한 사회를 구현하려는 목표가 가장 중요하다. 이 목표는 법률 구조뿐만 아니라 지휘자를 결정하는 데 중요한 요소가 된다. 물론 아리스토텔레스는 상황에 따라 자신의 생각에 대해 의문점이 제기될 수 있다는 사실을 알고 있었다. 예컨대 한 엘리트 청년이 전쟁 포로로 잡혀 노예가 되었다면, 천성적으로 노예로 태어난다는 아리스토텔레스의 주장에는 반하는 것이다.

당신에게도 몇 가지 질문을 던져보겠다. 당신은 아리스토텔레스의 사회, 정치적 개념을 어떻게 생각하는가? 아리스토텔레스의 선입관이 지배자의 개념을 이해하는 데 있어 지배자의 명예를 손상시키고 있다고 보는가? 아니면 그 사상 안에서 다른 힌트를 발견할 수 있는가?

나는 두 가지 입장을 구별하는 것이 굉장히 중요하다고 본다.

시대에 묶인, 지나치게 엘리트적이고 국수주의적인 계급주의를 저 멀리 던져버리자. 그리고 생각해보자. 인간이 태어날 때부터 어느 특정한 계급에 속하고 그 정도의 수준을 벗어나지 못한다는 주장이 이성적이라는 판단은 허무맹랑하다. 이 점에 있어서는 대철학가 아리스토텔레스도 자신의 시대적 선입관에서 벗어나지 못하고 있음을 분명히 알아야 한다.

그렇지만 아리스토텔레스는 국가의 지휘권이 국가 목표에 합당한 능력을 갖춘 자에게 위임되어야 한다는 것, 그 목표는 국가의 공익을 위한 것이어야 하고 이를 보장하는 것이 지휘자의 미덕이라는 점을 분명히 지적했다. 이러한 기본 사상은 자신의 스승인 플라톤과 맥락을 같이 하는 것이다.

후고대(지중해 지역의 고대시대에서 중세로 넘어가는 과도기-역주)부터 르네상스시대까지 서양 철학의 사고 대부분은 교회의 영향을 많이 받았다. 정치적 철학을 포함한 철학들은 수천 년 동안 '신학의 노예'였으니 그 영향이 상당했다는 사실을 짐작할 수 있을 것이다. 아우구스티누스 (354-430)나 토마스 폰 아퀸(1225-1274)처럼 철학자가 지도나 통치에 대한 주제를 논의했고, 아우구스티누스는 저서인 《신의 국가》에서 지구상의 국가를 하늘의 국가에 비유하기도 했다.

신의 국가는 물론 세상을 넘어선 경지이며 신부나 교황은 정치적 지배자의 수준을 초월한다. 아우구스티누스는 세상의 권력자를 존중하면 교회에 대한 믿음 또한 더 커질 것이라고 했다.

니콜로 마키아벨리(1469-1527): 도덕성이 없는 권력

중세 후기는 정치 철학이 다시 꽃피기 시작한 때이다. 또한 이론적 사상이 급격한 변화를 겪기도 했는데, 정치 철학이 더 이상 종교적으로 다뤄지지 않게 된 것이었다. 이 시기에는 여러 단계를 거치면서 종교적, 세속적 범위가 구별되기 시작했다. 즉, 종교적인 시각에서 벗어나 정치적 이론을 바라볼 수 있게 되었다.

정치이론학자이면서도 정치철학가인 니콜로 마키아벨리는 종교적 시각에서 벗어나 정치 철학을 다루는 첫 단계를 밟았다. 그의 저서인 《군주론》은 이탈리아의 르네상스 통치자들에게 권력에 대한 안내서 역할을 했다. 통치자들의 유일한 목표였던 권력 유지를 위해 유념해야 할 충고가 담긴 책이다.

마키아벨리는 권력을 유지하는 데 어떤 한계도 두지 않았다. 권력 유지를 위한 그의 충고는 종교적 규제도, 도덕적 거리낌도 없다. 오로지 통치자가 권력을 유지하는 것이 중요할 뿐이다. "군주에게 미덕은 필요 없다. 하지만 미덕을 가진 것처럼 보여야 할 필요는 있다. 나는 미덕을 베푸는 것이 감히 해로운 행위라 말하겠다. 미덕을 가진 것처럼 보이기만 하면 된다. 군주는 온화하고 충성스럽고 인간적이며 정직하고 숭고한 모습을 유지해야 한다. 하지만 필요할 경우 그와 정반대가 되어야 한다."

마키아벨리의 시각에서 바라보면 권력이란 도덕적 의미에서 정당성을 갖지 못한다. 하지만 그는 실질적인 근거를 제시한다. "인간은 고마움을 모르고 위선적이며 위험에 대한 두려움이 많고, 획득에 대한 욕망이 크다. 그들은 이익을 위해서라면 몸과 영혼을 바쳐 당신의 종이 된다. 그리고 필요하다고 느끼면 자신의 피와 재산과 생명과 아이들을 희생할 준비가 되어 있다. 한편 자신에게 이익이 되지 않는다고 판단되면 격분한다." 요컨대 마키아벨리는 통치자의 원칙이 가장 원초적인 인간의 특성과 분리될 수 없다고 말한다.

토마스 홉스 (1588-1679): 규정이 요구하는 권력

홉스는 저서인 《리바이던》(1651)을 통해 마키아벨리와 비슷한 사고방식이긴 하지만 그나마 덜 위협적이면서도 철학적인, 설득력이 충분한 논증을 펼쳤다.

《리바이던》은 현대 정치 철학의 시작이다. 인간은 인과관계를 통해 움직이는 존재이며 인식론적, 인류학적 사고를 통해 행동한다. 인간은 욕구와 감정 그리고 자신이 원하는 목표를 기초로 기계적으로 행동한다. 그러므로 각자의 이익을 위한 행동을 통해 서로 어쩔 수 없이 충돌하게 된다. 홉스는 국가가 존재하지 않고 법이 없는 상태를 '원시 상태'라고 칭했다. 원시 상태에서 사람들은 서로 대항하고 전쟁한다. 강한 자의 권리가 유효한 것은 물론이다. 그는 인간이 인간에게 늑대 같은 존재가 될 수도 있다고 했다.

강한 자나 약한 자 모두 안전과 평화를 동경하기 때문에 이들은 서로 어떠한 방법으로든 관련을 맺고 살아간다. 이로써 각자의 이익과 관심을 충족시키기 위해 권리를 행사하고, 이를 통해 내적 · 외적 안전, 보호와 평화를 보장받는다. 홉스는 원시상태에서 국가 공동체로 넘어가는 과도기를 역사적 사건으로 여기지 않는다. 국가 형성은 시민 사이의 계약이라고 이론적으로 이해하고 있다. 그러므로 국가의 존재는 계약이다.

홉스의 이런 사고와 인간상을 통해 그가 말하는 지배와 통치에 대한 정의를 엿볼 수 있다. 최고 지배자는 국민의 안전과 권리 보장을 현실화하는 자이다. 최고 리더는 가장 큰 권력을 가진 자이다. 홉스는 가장 큰 권력을 가진 최고 리더의 통치는 대표 선거를 통해서 선출할 수 있는 공화국에서나 가능하다고 보았다. 또한 강력한 왕국에서도 이러한 통치가 유효하다고 보면서, 유일한 지배자일 경우에만 권력은 가장 큰 효력을 발휘한다는 실질적인 이유를 제시했다.

존 로크 (1632-1704): 주권의 수혜자

존 로크는 저서 《정부론 2편》(1690)을 통히 홉스와 계몽주의의 중개자적 역할을 했다. 동시에 자신의 정치적 자유주의를 기초로 18세기의 국가 개념에 대한 분야를 개척한 사람이다. 그는 사회가 원시 상태 또는 자연 상태에서 계약을 통해 국가로 형성된다는 개념에 있어서는 홉스와 생각을 같이한다. 하지만 그는 자연 상태와 인간에 대해서는 홉스와 약간 다른 시각을 가지고 있었다.

그는 자연 상태와 인간을 자유롭고 동일하다고 보았다. 그는 일을 통해 재산을 모을 권리가 있으며, 다른 사람의 권리를 존중해야 한다고 보았다. 그리고 인간이 이기적이라고 생각했다. 사람들은 서로에게 늑대 같은 존재가 될 수도 있다는 홉스의 극단적인 표현은 로크에겐 좀 낯설었다.

원시 상태에서는 이미 권리가 존재할지라도 그것에 대한 보장 제도는 부족할 수밖에 없다. 권리를 보장하려면 계약 목표가 도입되어야 한다. 로크는 첫 번째로 권력 분립을 요구한다. 권력 분립을 통해 집행권이 입법권과 국민을 관할하는 것은 필수적이라고 보았다. 이로써 주권이 유지되며 입법 대변인은 선거를 통해 선출되어야 한다. 그렇다면 지배란 무엇을 의미하는가?

로크는 국민 대변인의 과제와 능력을 주권과의 계약과 연관시킨다. 국회의원(국민 대변인)은 국민의 입장과 관심을 대변하고 법을 준수해야 한다. 그들은 어떠한 특권도 누릴 수 없고 국민과 동일하다. 이는 왕도 마찬가지이다. 다른 말로 표현하면 지배자는 곧 국민의 수혜자이다. 「개인 재산의 법률적 안전이라는 목표를 위하여」 공동체는 입법 권한에 적절하다고 보여지는 대변자에게 신뢰를 바탕으로 규정된 법률에 따라 통치 역할을 위임한다.'

지배자에게 권한을 주는 것은 자신들의 이익을 적절하게 대변해 달라는 국민의 신뢰를 뜻한다. 그러한 기대가 미치지 못할 경우 국민의 권한은 폭동으로 나타날 수 있다. 이는 매우 현대적인 사상이다. 로크의 이론은 현대적인 헌법 국가의 사상과 일치하는 부분이 많다. 사실 로크는 이미 영국의 입헌군주제를 현실화하는 데 상당한 기여를 한 철학가이다.

장 자크 루소 (1712-1778): 고문으로서의 지배자

18세기 철학자이면서 계몽주의자인 장 자크 루소는 로크의 사상을 현대적이고 인간적인 인간상과 결합시켰다. 그는 각 개인 그리고 최소 사회 단위는 양도할 수 없는 권리의 집합체로 이루어졌다고 보았다. 각 개인은 건강한 신체, 의사 표현의 자유, 종교의 자유 그리고 자기 확신에 따라 스스로 삶을 관리할 권리가 있다. 이러한 사상은 '군주는 국민을 자신의 권력을 유지하기 위한 도구로 본다'는 마키아벨리의 정의와는 상당한 차이를 보인다. 루소는 로크와 마찬가지로 국가를 자유롭고 자율적인 개인의 집합체로 보았다. 이런 루소의 생각은 민주주의와 직결된다. 권리 평등, 국민 주권, 투표, 국민을 대표하는 국회나 권력 분배, 헌법 등.

프랑스 계몽주의 철학자 루소는 저서인 《사회 계약론》(1762)에서 지배자의 역할이 무엇인지를 보여주고 있다. 그에 따르면 정부는 국민의 권리를 존중하고 보장하며 국민의 의지를 실현해야 한다고 역설했다.

뛰어난 심리학자이기도 한 루소는 '국민을 조종'하는 것은 가능하다고 보았다. '일반적인 의지가 가장 우선이라는 것'은 국민의 결정이 항상 옳다는 말이 아니다. 인간이란 항상 최선을 다하고는 있지만 최선의 방책이 어디에 존재하는지 정확하게 통찰하지 못한다."

그리하여 루소는 국민의 잘못된 결정을 그대로 따르는 일을 방지하기 위해서는 입법자가 필요하다고 강조했다. 루소는 국가의 가장 특별할 사람으로서 자신을 위해 과제를 행하는 자, 통찰력이 있고 현명할 뿐만 아니라 완전한 자가 입법자의 역할을 해야 할 것이라고 했다. 입법자의 입법적 능력에 대한 합의가 이루어지고 입법자는 국민에게 제안을 하게 된다. 그리고 국민은 그 결정을 받아들인다. 루소가 말하는 입법자를 미덕과 관련하여 바라본다면 플라톤이 말한 '철학왕'과의 관련성을 찾을 수 있다. 물론 루소의 경우, 입법자는 국민의 선택과 사회적 계약에 의한 것이며, 국민의 주권과 직접 연결된다는 점은 중대한 차이점이다. 루소가 말하는 입법자는 카리스마 있는 지도력을 갖춰야 하고 또 고문의 성격을 가진다.

루소의 입법자는 현명한 제안을 세련되게 표현할 수 있는 능력을 갖추고 국민이 다른 결정을 원하면 그들을 설득할 줄 알아야 하는 존재이다. 당신에게 감명을 주는 리더의 인성은 어떠한가? 루소의 생각이 설득력 있는지 함께 고민해보자.

임마누엘 칸트(1724-1804): 투명성과 통합성

칸트는 자신의 조상의 사상을 기초로 계몽주의를 완성한 철학자이다. 국민의 관심을 대변하고, 권력의 분할, 헌법으로 조직화된 국가로서의 정부를 주장했다.

그는 리더와 관련된 의문점을 짚어주는 두 가지 사상을 보충했다. 그의 저서인 《영원한 평화를 위하여》(1795)에서 지배자에게 정치적 고려가 더 중요한지, 아니면 도덕적 고려가 더 중요한지를 질문한 적이 있다. 칸트는 이를 구체적으로 구분하기 위해 '도덕적 정치인'과 '정치적 도덕가'라는 개념을 사용했다.

도덕적 정치인은 도덕을 기준으로 정치적 결정을 내리고, 정치적 도덕가는 도덕을 정치적 목적에 의해 사용한다. "우선 협상하고 자신을 정당화한다. 자신의 잘못을 변호하고 이를 알리고 지배하라." 이를 실천하는 자는 물론 도덕가의 모습으로 비춰지겠지만 언젠가는 들통이 난다. '정치적 도덕가'는 항상 정치와 도덕 사이에서 안절부절하지 못한다. 그에 반해 '도덕적 정치인'은 도덕성에 우선순위를 둔다. 도덕성은 절대적인 원칙으로서 유효하며, 어떠한 특정 목적인 정치적 행위도 규정해서는 안 된다. 그리고 도덕은 공동 이익을 가장 중시한다.

칸트는 우리가 어떤 특정한 행동을 한다고 할 경우, 과연 자신이 그 행동을 정말 원하는지 스스로 묻고, 이 질문을 통해 자신의 행위를 점검할 것을 요구한다. 이 질문에 대해 스스로 긍정할 수 있을 때만 자신이 하려는 행위가 도덕적으로 허용된다. 칸트는 이러한 유추를 정치의 절대적인 원칙이라고 했다. "다른 사람의 권리와 관련된 모든 행위가 공익과 조화를 이루지 못한다면 그것은 정당하지 않다." 달리 표현하면 정치적 행위는 공개되었을 경우에만 정당하다는 말이 될 수도 있다. 현대적 시각에서는 이를 투명성 원칙이라고 할 수도 있겠다. 즉 리더의 위치에서 내린 결정은 공적 커뮤니케이션이 가능할 경우에만 도덕적이라는 말도 된다. 또한 칸트는 절대적, 도덕적 통합성의 가정 하에서 정치적인 지도력에 대한 엄격한 의무와 요구사항에 충실해야 한다고 보충했다.

칸트의 요구사항은 경제사회의 '경영'과는 어떤 관련이 있을까? 기업들이 행정과 관리에 이러한 원칙을 단호하게 적용시키고 있는지 생각해보자. 기업이 내린 결정 그리고 결정을 이끈 원인과 동기도 공개

될 것이다. 어떠한 결정도 세상에 공개가 되었을 때 부끄러움이 없어야 한다. 물론 결정을 내린 자신 또한 떳떳해야 할 것이다.

헤겔, 마르크스, 니체를 통해 19세기에 이루어진 '통치'라는 주제에 대한 새로운 철학적 접근은 현대의 '통치'라는 의미와 연관지을 때 특별한 성과를 보여주지 못했다. 20세기에 들어와 정치철학은 다른 주제로 눈을 돌렸고, 사람을 통솔, 지휘하는 주제에 대해서는 경영학이 그 역할을 대체했다.

리더십의 다섯 가지 구조 동기

'리더십'의 철학적 측면에서의 다양한 검증은 현상적 동기를 개념적으로 발전시킬 수 있는 기회를 준다.

1. 역사적 동기: 리더십의 콘셉트는 시기와 밀접한 관련이 있다. 철학자들이 말하는 '지배'란 자신들이 살고 있는 정치, 사회적 상황과 관련되며 '지도', '통치' 또 오늘날에는 '경영'이라고도 이해할 수 있겠다. 예를 들어 아리스토텔레스의 사상은 그가 살았던 계급 사회에서는 유효한 사상이었다. 물론 플라톤과 같이 바람직하지 않은 현실에 대항한 정치적 이념 콘셉트가 새롭게 대두되기도 했다.

철학자들이 지배자에게 할당한 과제도 마찬가지로 철학자가 살았던 시대와 밀접한 관련이 있다. 하지만 그들의 사고는 언어적 표현이 고전적일 뿐이지 오늘날 경영에 필요한 내용 또한 포함하고 있다. 플라톤도 정치적 '마구잡이 방식(Catch as catch can)' 대신에 지혜로운 국가 경영을 원했다. 홉스는 정치 불안정 대신에 권리 보장을 요구했고,

로크와 계몽주의자들은 절대적인 독재정치 대신에 개인의 이익과 관심이 존중받아야 한다고 요구했다.

2. 인류학적 동기: 리더십의 형태는 인간상과 상당히 밀접한 관련이 있다. 플라톤은 실제에 가까운 인간의 이상형을 철학왕으로 표현하고 있다. 마키아벨리는 자신의 군주에게 비도덕적인 지휘 방식을 요구했다. 물론 그 이유는 자기 자신을 비도덕적 인간으로 간주했기 때문이다. 계몽주의자들은 자신들의 민주적 통치 방식을 자신들이 정의한 인간상을 통해 설명한다. 계몽주의자들은 자신의 생명은 타인에 의해 결정될 수 없으며, 양도 불가능한 고유의 인권이 있다고 주장했다. 고대부터 현대에 이르기까지 모든 '리더십'에 대한 개념은 각 철학자들 자신의 인간상에 기초하여 설명하고 있다.

3. 정치적 동기: 리더십은 정당성과 같이 볼 수도 있다. 철학자들의 리더십에 대한 사고는 항상 두 가지로 나누어볼 수 있다. 하나는 리더가 갖춰야 할 조건에 대한 인류학적 동기이고, 다른 하나는 리더의 제도적 권력이다. 달리 표현하면 리더십 역할에는 내적 외적 성향이 있으며 개인적인 권위와 리더의 지휘적 권위가 있다. 리더의 개념은 개인적 권위에 영향을 준다. 이러한 권위는 권력을 부여 받고, 그 권력에는 정당성이 부여된다. 그러니 그 순서는 뒤바뀔 수 없다.

　플라톤이 말한 '철학왕'의 의미를 살펴보면 두 가지 관점이 교훈적인 관련성이 있음을 알게 된다. 마키아벨리와 홉스의 '지배'란 권력을 소유하는 것이 스스로 정당화될 수 있는가 하는 질문에 의해 구분된다. 이때 '지배'의 정당화를 판별하는 방법으로 두 가지 모델이 있다.

미덕 패러다임: 고대에서는 지배 권한이 계승되었다. 특별한 미덕을 갖춘 자가 국가를 지배하는 것이 적절한 것이었다.

계약 패러다임: 현대의 정치적 권력자는 자신의 지위와 과제가 국민과의 계약을 기초로 하고 있음을 명심하고 책임을 이행할 의무가 있다. 물론 계약적 정당성을 넘어서 지배자로서 인성 또한 갖추어야 할 것이다.

4. 심리학적 동기: 리더십은 미덕에도 기초한다. 지배 행위가 철학적으로 정당화된다면 이 정당성은 최소한 권력자 지혜, 신과 인간에 대한 겸손, 개인적인 품성 등 인성의 특별한 미덕에 기초하고 있어야 한다. 아리스토텔레스가 말했듯 우연한 가족 환경이나 성별과 같은 특성이 리더의 특성이라면 정당성의 미덕을 통해 기초를 구축해야 할 것이다. 권력자에게 사회적 계약에 엄격한 제한을 두는 계몽주의자들조차도 미덕을 갖춘 인성을 요구하고 있다. 마키아벨리나 홉스만 예외적으로 권력자는 자신의 정치적 안정을 보호하기 위해 도덕성에 너무 집착할 필요가 없다고 보았다.

현대적인 시각에서 볼 때 리더가 갖추어야 할 사항은 이보다는 좀더 간단해 보인다.

지혜, 현명함, 통찰력(플라톤, 아리스토텔레스, 루소)

도덕성(플라톤, 루소, 칸트)

5. 도덕적 동기: 리더는 도덕적이어야 한다. 인간이 인간을 지배할 때, 그 동기는 지배당하는 사람들을 위한 것이어야 한다. 리더 자신의 이익을 위한 지배를 할 경우 이는 정당화될 수 없다. 왕에게 폭력을 허

가한 홉스도 리더는 자신의 정치적 권력을 국민의 권리 보장을 위해 사용해야 한다고 주장했다.

오늘날의 리더십

과거의 통치자 모습을 통해 인간을 지도한다는 개념이 얼마나 포괄적인가를 알 수 있었다. 21세기 관점에서 과거의 유익하면서도 설득력 있는 이유와 동기를 이해하면서, 이를 새롭게 바라볼 수 있어야 한다. 이제 다섯 가지 동기를 살펴보도록 하겠다.

오늘날 시각으로 보는 '리더십'

오늘날 시각으로 볼 때 리더십이란 과연 므엇인가? 대부분의 사람은 회사 상사를 떠올릴 것이다. 경영학적으로 볼 대 리더란 직원들에게 관리를 행사할 수 있다. 그들은 직원들에게는 없는, 직원에게 지시할 수 있는 권한이 있다. 상사들은 업무 계획, 업무 분배, 업무 수행을 관리한다. 직원의 성과를 평가하고 임금을 결정하고 고용과 해고의 권한이 있다.

그런데 이러한 해석에는 한계가 있다. '리더십'란 경제적 이익을 목적으로 하는 기업에서만 필요한 게 아니라 사람들이 함께 살아가고, 함께 일하는 곳 어디에서나 적용되는 개념이기 대문이다. 사람은 저마다 성격이 다르고 나이와 경험, 알고 있는 지식과 취향이 다르다.

각기 다른 삶의 영역에서 살고 있는 개인들에게 알맞은 길을 제시하는 환경이 기본이 되어야 한다. 즉 리더십은 경제적인 현상이 아니라 보편적이고 인간적인 현상이다. 기업에서의 책임자뿐만 아니라 병원의 의사도 간호원과 환자에게 리더십을 발휘하고 있다. 치료뿐만 아니라 그들에게 상담을 제공하고 건강과 병에 대한 질문을 받으면 광범위한 경험을 통해 답변해준다.

건축가도 리더이다. 건축가는 건축주와 인부를 관리한다. 정치인, 모임의 회장, 과학자 그리고 교사도 마찬가지다. 리더십이란 다른 사람에게 영향을 주고 그들을 설득하고 행동하도록 동기를 유발하는 활동이지, 권력을 통해 압력을 가하는 것이 아니다. 리더십 발휘는 개인적인 설득력을 통해서도 가능하다. 이 책은 '리더십'이라는 개념에 중점을 두고, 책임을 갖는 위치에서 아랫사람들에게 영향력을 행사하는 모든 사람을 대상으로 삼고 있다. 이로써 일반적인 리더십의 정의를 내릴 수 있으리라 본다.

다른 사람들에게 영향력을 행사하는 리더가 해야 할 과제는 적절한 설득력을 통해 대상이 어떤 특정한 행위를 하도록 유도하고, 지나친 압력보다는 상대에게 자유로움을 보장해줘야 한다. 나는 리더십이라는 개념에서 '강요'와 '조종'이라는 요소를 철저하게 제외시키고자 한다. 내가 말하는 리더십이란 권력이 아닌 인성에서 비롯된 힘을 기초로 한다는 점을 유의하기 바란다.

상사의 지위에 있는 사람들이 권력을 남용하는 사례는 쉽게 볼 수 있다. 어쩌면 그럴 수밖에 없을지도 모르겠다. 하지만 나는 그들을 진정한 리더라고 보지 않는다. 경영학은 리더에게 전문 과제와 리더십을 발휘하는 방법 두 가지를 제시한다. 이 두 가지는 어떤 분야에서든 리더들이 알아야 할 필수 내용이다. 하지만 나는 전문 과제보다는 리더십에 더 중점을 둬야 한다고 생각한다. 그렇다고 해서 전문 과제를 수행하는 게 중요하지 않다는 말은 아니다.

나는 인사관리를 다룬 경영학 책에서처럼 경영자의 당면 과제와 경영 방식, 경영 문제점을 다루진 않겠다. 대신에 인사경영에 중점을 두면서도 용기와의 관련성을 짚어나갈 것이다.

1장에서 경영자 대부분이 문제 직원과 소통하는 것을 가장 고민스러워한다고 언급했다. 3장에서는 가족적 분위기의 기업에서의 세대 교체와 관련해 살펴보고, 4장에서는 학급에서의 조직 파괴적 팀 문화를 다룰 것이다. 5장에서는 대기업에서 쉽게 볼 수 있는 지나친 업무 압력을, 6장에서는 도덕적 딜레마를 다뤄보도록 하겠다.

이렇게 선택된 주제가 오늘날 발생하는 모든 문제를 대표하지는 못할 것이다. 그러나 사람을 지도한다는 것은 과제가 다르고 상황이 달라도 결국은 같은 이야기가 될 수 있다. 처음에 언급했던 일본 스님의 이야기와 현대의 기업에서의 CEO의 활동 범위는 완전히 달라 보일지라도 사람을 지도한다는 데 있어서는 아주 좋은 비유가 된다.

사람에게 리더십을 발휘할 때 중요한 것은 권력이 아닌 자신의 품성이다.

인간상

물론 계몽주의자들이 말하는 리더상의 표준을 기준으로 한다. 모든 사람은 국적이나 성별이 어떻든지 간에 권리를 양도할 수 없다. 너무 당연한 말이라 이에 대해 논할 필요도 없어 보인다. 이러한 원칙은 리더십을 발휘하는 환경에서 항상 나타나는 불평등을 관리할 수 있는 기초를 마련해준다. 각자는 다른 존재이긴 하지만 그들은 근본적으로 평등하다. 물론 실질적으로 성과가 차이 나거나, 필요에 따라 임금이 달라지는 것처럼 간접적인 불평등은 존재한다.

20세기의 심리학은 계몽주의자들의 인간상을 보충하고, 동시에 범위를 제한하기도 한다. 예를 들어 프로이트나, 융 그리고 아들러와 같은 인간주의 심리학자들과 심리학파들의 통찰은 현대의 리더를 규정함에 있어서도 간과해서는 안 된다. 의견이 분분할 수 있는 가능성은 있지만 학계에서는 고대의 기본 통찰 내용과 거의 비슷하다고 보고 있다. 인간은 이성과 오성만을 지닌 존재가 아니라 충동과 희망 그리고 풍부한 감정을 갖춘 존재임을 명심하자.

인간의 심리에는 의식과 무의식이 존재한다. 인간은 사회적 존재이기 때문에 먹고 자는 것처럼 타인에게서 인정을 받고자 하는 욕구 그리고 삶 속에서 의미를 찾으려는 욕구가 있다.

인간은 무의식과 충동뿐만 아니라 자유를 누리고자 하는 욕구가 있다. 이에 대해 신경생물학자, 심리학자, 철학자들을 통해 인식학을 중심으로 뜨거운 토론이 진행되고 있다. 인간에게 자유가 중요한 이유에 대해서는 7장에서 설명하도록 하겠다.

계몽주의에서 보는 인간적 기준, 현대 심리학의 기본 통찰과 인간이 자유를 누릴 줄 아는 능력과 같은 세 가지 동기는 인간상을 지탱해주는 지주 역할을 한다. 이를 기초로 지도를 개념화할 수 있을 것이다. 경영학에서는 두 가지 인간상의 대립이 분명하게 인용되고 있다.

'X이론'은 인간은 원래 게으르기 때문에 그들이 작업을 수행하도록 하려면 관리가 필요하다는 원리를 기초로 한다. 이 이론은 리더들이 직원에게 자유를 주기보다는 일을 하도록 이끌고 관리해야 한다고 말한다. 'Y이론'의 대변자는 이와 반대로 인간은 천성적으로 성공하길 원하고 창조적이기 때문에 그들에게 자유를 통해 기회를 부여해야 한다고 말한다. 즉 리더는 사람들을 관리하거나 동기를 유발해야 하는 것이 아니라 성공을 방해하는 벽만 없애주건 된다고 말한다. 이 두 가지 이론을 통해 인간상을 어떻게 판단하느냐에 따라 리더십을 바라보는 방식이 달라진다.

그 무엇보다도 두 가지 이론에서는 상사가 존재한다는 것 그리고 그 상사가 스스로 직원의 업무 수행을 관리한다는 것은 매우 확연해 보인다. 직원을 지속적으로 감시하면 의존적인 인간을 만들어낸다. 이와 반대로 그들을 신뢰하는 상사는 직원에게 신뢰에 부합하는 결과를 증명할 수 있는 기회를 주고, 자율과 책임의식을 성장시킬 수 있도록 한다. 즉 리더십은 자기예언의 실현인 셈이다. 계략적인 계몽주의와 인간주의 인간상은 그 이유를 다음과 같이 설명한다. "그들이 갖춰야 할 방식을 기준으로 그들을 다룬다. 그들이 어떤 모습으로 성장할 수 있는가를 알려주고 그것을 위해 효과적으로 이끌어준다."

지위와 사람

21세기 초기에는 인격을 통해 정당화된 리더의 요구만이 인정받을 수 있었다. 전문 능력은 대체로 지식과 경험으로 간주된다. 직원들은 상사를 신뢰할 때만 그를 리더로 여긴다. 즉 현대 사회에서 리더의 자격이란 인격을 통해서만 정당화될 수 있다.

제도적 지위 하나만을 리더의 충분한 조건으로 볼 수는 없다. 물론 지위의 정의, 업무 진행 방식, 사내 조직도가 상사의 과제와 권한을 정의하기는 한다. 회사가 정의하는 핵심 업무와는 직접적인 관련은 없지만, 인격은 절대 무시할 수 없는 요소이다. 일상 언어를 사용하면서 사람들에게 리더십을 발휘하는 것은 그 기능 이상을 의미한다. 자신의 업무만을 철저히 수행하는 사람은 좋은 상사가 아니다. 좋은 상사는 인격을 통해 리더로서의 신뢰를 준다.

직위가 아닌 인성을 통해 직원들로부터 리더로서의 신뢰를 얻을 수 있다. 직원들은 리더라는 직위보다는 그가 풍기는 인상과 권위를 통해 진정한 리더로 받아들인다. 직위와 권력만을 앞세우는 리더는 직원들에게서 '좋지 않은 상사'로 평가받기 쉽다.

상사의 과제는 '훌륭한 인사경영'이다. 자신의 인사경영 능력이 의심되는 경우 자신의 지도 편력을 체크해봐야 한다. 이 장의 마지막 부분에서도 용기 훈련 프로그램을 제공할 것이다. 어떤 스타일이 긍정적인 상사의 모습일까? 물론 직위로 직원에게 강요하는 사람이 아니라, 인격을 통해 설득하고 동기 유발을 할 수 있는 사람일 것이다.

지도 심리학

설득력과 신뢰를 줄 수 있는 리더의 능력이 인성을 기초로 하고 있다면, 왜 또 리더십을 학습해야 할까? 현대적인 리더십 이론은 이러한 능력을 특정한 방식이라고 말한다.

경영 세미나나 강연을 통해 현대적 리더십 이론과 관련한 훈련을 자주 접할 수 있다. 이러한 강연은 특정한 리더십 방식을 습득하여 훌륭한 경영자가 될 수 있도록 도와준다. 물론 이 훈련프로그램은 리더십이 타고나는 게 아니라 학습을 통해 얻을 수 있다고 여긴다. 하지만 나는 이러한 주장에 전적으로 찬성하지 않는다. 내 경험에서 볼 때 이런 교육을 통해 배운 능력이 실제에서 제대로 활용되는 경우는 드물다.

사람의 태도는 학습으로 결정되는 것이 아니라 인성에 기초해야 하며, 내면의 자기 확신과 일치해야 한다. 사람들은 무의식중에 자신의 생각을 행동으로 드러낸다. 다른 사람들은 나의 행동을 보며 그것이 진실한지, 아니면 거짓인지 관찰한다.

사람은 다른 이의 표현이 진실한지 그렇지 않은지를 판단할 수 있는 아주 섬세한 능력이 있다. 특히 오랫동안 함께 생활해온 사람에 대해서는 더욱 그렇다. 즉 항상 같이 일하는 상사를 판단하기란 더욱 쉽다. 모범적인 태도를 훈련으로 습득했을 경우, 그 태도는 한순간에 무용지물이 되기 쉽다. 특히 스트레스를 받거나 갈등 상황이 생기면 내면에서 나오는 행동인지 아니면 연극일 뿐인지 더욱 명백하게 드러난다. 리더가 하는 일이란 의사소통이 전부가 아니다. 행동이 중요하다.

중요한 결정을 내려야 하는 상황에서도 학습은 소용이 없다. 리더의 결정은 의사소통과 함께 리더의 핵심 과제에 속한다. 요즘에 접할 수 있는 경영 이론들은 주로 외적으로 관찰되는 행동에 중점을 두는 경우가 대부분이다. 물론 경영에 필요한 지식은 이런 경영 이론을 통해 얻을 수 있다. 하지만 나는 리더십을 미덕 패러다임의 관점에서 이해하는 것이 좋다고 감히 말하고 싶다. 비록 고대 철학이 주로 다루는 패러다임이기는 하지만 현대에도 충분히 적용할 수 있다.

첫 장에서 아리스토텔레스 사고를 살펴보면서, 미덕이란 아무리 차별된 상황에서도 동일한 원칙을 기준으로 행동하는 것이라고 언급했다. 이러한 아리스토텔레스 사상은 이성을 기초로 하고 있으며 인간의 감정과도 밀접한 관계가 있다. 아리스토텔레스는 이를 '아비투스(Habitus)'라 칭했다. 아비투스란 행동과 모범적 태도를 넘어선 인간의 내적 성향을 말한다. 아비투스는 리더의 태도 방식이 아니라 미덕이다.

그렇다고 해서 학습을 통해 지도 능력을 얻을 수 없다는 말은 아니다. 지도 능력을 학습할 수는 있으나, 단순한 훈련이 아닌 인성을 통해 리더로서의 미덕을 계발하는 편이 훨씬 좋다는 얘기다. 리더로서의 미덕을 계발하려면 용기가 필요하다. 철학에서 용기는 그리 중요한 것으로 다루어지지 않았으나, 내가 보기에 용기란 수백 년 동안 언급되어온 모든 미덕 중 가장 기초적인 미덕을 뜻하는 것 같다. 어쨌든 용기는 여러 미덕 중 하나이다. 고대에서는 절제, 용기, 지혜, 정직을 미덕으로 삼았고 플라톤도 《국가론》에서 이 같은 미덕을 다시 언급했다. 중세시대에는 세 가지 기독교적 미덕으로 믿음, 사랑, 희망을 추가했다.

플라톤과 아리스토텔레스는 용기를 중요한 미덕 중 하나라고는 했으나, 리더에게 필요한 미덕으로 꼽지는 않았다. 용기를 통한 지혜나 통찰력 같은 다른 미덕을 요구했다. 철학자들은 정치 리더들이 미덕을 증명해보일 수 있을 때 정치 리더로서의 전제 조건을 충족시킨다고 보았다. 이 점에 유의하여, 현실에서 발생할 수 있는 저항이나 일반적인 분위기에 현혹되지 않으면서도 이러한 미덕을 현실화할 수 있는 방법은 무엇인가? 일관성에 대한 용기는 로크와 칸트가 이미 강조했듯이 대표자가 혼자서 국민의 의지를 변화시키고 설득할 때 필요하다. 이 견해는 매우 중요하다고 판단된다. 계몽주의 이래 리더십은 그 이전 시대와 차별되는 특성을 나타낸다. 계몽주의 이래 리더십이란 공평, 또는 평등을 보장하는 특성이 있다. 인간의 불평등이 당연시되던 시기가 지나고 계몽주의를 통해 인간은 모두 평등한 존재라는 의식이 자리를 잡게 되었기 때문이다.

이러한 의식이 확립되면서 리더들은 리더의 자격과 관련된 조건에 압력을 받기 시작했다. 리더의 계층, 태생, 권력 등이 리더라는 직위와 걸맞지 않을 경우 어떤 상황이 펼쳐지겠는가? 어떤 권리를 근거로 해서 한 사람을 평등한 인간으로 지도할 수 있겠는가? 특히 자신의 결정에 저항이 있을 경우 어떻게 해야 하는가?

루소의 《사회론》에서는 이러한 갈등을 상황에 따른 용기의 필수성이라고 설명했다. 또한 루소는 정치 리더들에 대해 다음과 같이 말했다. "국민을 지도하려는 사람은 천성을 변화시킬 수 있는 능력을 갖춰야 한다. 모든 개인은 완전한 존재이지만, 변화가 가능한 존재이기도 하다. 이러한 특성을 통해 개인은 어느 특정한 의미가 성립되었다고 볼 경우 자신의 삶과 존재 의미를 획득하게 된다."

이를 통해 아주 새로운 리더의 능력이 추가된다. 일반인들이 통찰력이 떨어진다는 가정 하에서 이들을 변화시킬 수 있는 리더의 능력이 요구되는 것이다. 그들의 눈높이에 맞추되, 그들에게 영향력을 발휘할 수 있어야 한다. 나와 평등한 존재로 대하면서 그들을 이끌어갈 수 있는 능력은 물론 용기가 있어야 가능하다. 이러한 능력은 계급사회의 리더들도 반드시 갖춰야 할 능력이다. 계몽된 자신감은 리더들의 필수 미덕이다. 현대 리더의 조건은 우리의 권위와 관련된 상호적 태도와 상당한 관련이 있다.

미국 사회학자 리차트 세네트(Richard Sennett)는 저서 《권위》(1985)에서 지난 2세기 동안 권위와 관련된 태도 변화를 설명하고 있다. 우리는 권위에 대한 신뢰가 부족한 것 같기도 하다. 하지만 다른 한편으로는 권위에 대해 큰 동경을 품고 있다. 권위에 대한 비판과 리더상에 대한 동경은 양면성이 있다. 권위라는 것은 참으로 의심스럽기까지 하다. 물론 지도하는 행위 자체가 근본적으로 문제를 안고 있을 경우 더욱 그럴 것이다. 그래서 리더는 자신의 위치에서 적절한 용기를 증명해야 한다.

리더의 도덕성

계몽주의 인간주의적 인식은 도덕성을 포함하고 있다. 인간이 모두 동일한 기본 권리를 가지고 있다는 가정으로 각 개인에게는 행동 시 다른 사람의 권리를 항시 주의하고 존중해야 하는 의무가 발생한다. 내가 말하는 자유는 한계가 없다는 것이 아니라 다른 사람의 자유를 방해하지 말라는 한계를 명시하고 있다. 도덕성의 핵심은 남에 대한 배려이다. 인간 권리를 존중하는 것은 도덕을 인정하는 일이다. 이 책에서 제시하는 리더십의 개념은 항시 도덕적 동기를 포함하고 있다는 것에 주의하자.

철학적 리더십 이론을 재구성한 결과는 무엇일까? 철학적 리더십 이론의 재구성은 오늘날의 지도 · 경영에 어떤 기여를 했을까?

철학적 리더십에 대해 요약해보자

1   철학적으로 리더십은 정당성을 가져야 한다. 즉 리더 위치에 있는 사람이 갖춰야 할 미덕을 통해 그의 요구사항이 정당화된다.

2   리더의 능력이란 리더라는 인물, 그의 행동 방식, 권력이 아니다. 코칭이란 리더의 영향을 받는 사람을 돕는 것이지, 권력 유지가 목적이 되어서는 안 된다.

3   현대적인 리더십을 위한 지식, 리더십 양식, 리더십 기술보다는 우선적으로 미덕을 기초로 해야 할 것이다.

4   이전 철학자들은 리더의 가장 필수적인 미덕을 용기라고 꼽지 않았다. 21세기에야 비로소 리더의 조건이 인간 평등에 기초하게 되면서 용기는 리더십에서 가장 중요한 덕목이 되었다.

3 스스로 생각할 줄 아는 용기

미숙함으로부터의 탈출
생각과 감정
생각을 방해하는 상황을 극복할 수 있게 해주는 용기
토론을 가능토록 하는 용기

타임아웃 2: 철학적으로 사색하기

3 스스로 생각할 줄 아는 용기

용기는 자유로운 사고를 전제로 한다. 우리가 말하는 용감한 사람이란 스스로 생각할 줄 알고 자신의 생각을 기준으로 행동하는 사람이다. 즉, 순간적인 감정에 치우치거나 규정을 중시하며 오피니언 리더의 상투적 표현을 따르고, 기존 시각에서 벗어나지 않으려는 사람은 용감하지 못하다. 스스로 생각할 줄 안다는 것은 과연 무엇인가? 자신의 생각을 계발하고, 이를 말과 행동으로 표현하는 게 어려운 이유는 무엇인가? 우리는 자신의 생각을 계발하기 위해 끊임없이 생각해야 하는가? 그리고 생각한 내용을 언젠가는 행동으로 표출해야 하는가? 3장에서는 이 모든 질문이 용기와 어떻기 관련돼 있는지를 살펴보도록 하겠다.

미숙함으로부터의 탈출

계몽주의시대만큼 자신의 사고를 중요하다고 여긴 적은 없을 것이다. 18세기 철학자들은 수백 년 동안 기존 사고에 대한 눈먼 믿음과 경직된 권위주의에 대해 무조건적으로 신뢰했던 사람들의 정신을 일깨워주었다. 불어, 영어, 독일어로 'Siècle des lumières', 'enlightenment', 'Aufklärung'이라고 표현되는 계몽주의란 결국 깨어나라는 외침이었다.

잠에서 깨어나자! 인간의 무지에 불을 밝히자! 구시대의 관습을 버리자! 자신의 생각을 밝혀줄 수 있는 것은 바로 이성뿐이다. 1784년에 칸트가 쓴 '계몽주의가 무엇인지에 대한 답변'이라는 글은 계몽주의가 무엇인가를 매우 분명하게 설명하고 있다. 계몽이란 인간이 스스로 판 미숙함의 동굴에서 나오는 길이다. 미숙함이란 다른 사람의 도움 없이는 자신의 이성을 다룰 수 없는 무능력이다. 이러한 미숙함은 이성 부족에서 비롯되고, 결국 다른 사람의 코칭 없이는 스스로 결정을 내릴 수조차 없는 용기 부족 상태이다. 계몽주의 슬로건과 마찬가지인 '사페레 오테(Sapere aude)'는 '자신의 이성으로 행동할 수 있는 용기를 갖자'라는 말이다.

칸트에게 이성이란 생각을 할 수 있게 하는 능력이다. 자신의 이성을 가지고 행동하라는 호소는 '스스로 생각하라'는 메시지이다. 즉 칸트도 다른 계몽주의자들처럼 근본적으로 인간은 생각할 수 있는 존재임을 가정하고 있다. 모든 사람은 천성적으로 이성을 가지고 있다. 그래서 칸트는 인간 계몽을 위해 우선적으로 사고하는 훈련을 요구하기보다는 '용기'를 먼저 요구했다. 그는 인간이 미숙한 이유를 천성적으로 미숙하기 때문이라고 하지 않았다. 대신 '인간이 오랫동안 미숙하게 살아온 원인'은 '인간이 원래 게으르고 겁쟁이 근성을 가지고 있기 때문이다.'라고 했다.

사고를 게을리 하는 인간의 미숙함은 용기 부족에 그 원인이 있긴 하지만 그것이 근본적인 것은 아니다. 칸트는 용기의 감정적인 면이 아니라, 극복해야 할 두려움을 중시하고 있다. 칸트는 도덕적 엄격성을 중시하고 있기는 하지만 미숙함을 떨쳐버리기 어려운 인간의 입장을 이해했다. "거의 천성이 되어버린 미숙함을 떨쳐버리는 것은 누구에게든 매우 힘겨운 일이다. 미숙함의 습관에 젖어 있으면서 이성을 사용하려는 시도조차 해보지 않았기 때문에, 자신의 이성을 사용하는 능력은 부족할 수밖에 없다."

오늘날은 어떨까? 계몽주의 시대로부터 200년이 지난 지금은 그때와 물론 차이가 있을 것이다. 그렇다면 현대인은 계몽주의시대의 사람들보다 더 성숙해졌을까? 오늘날 사람들은 스스로 사고하고 있을까? 그동안 이성을 사용하는 능력은 계발되어 왔는가? 우리도 여전히 계몽주의 시대에 살고 있는가?

스스로 판단하면서 주변을 돌아보자. 주변에서 계몽주의자들이 요구하는 사항들을 실생활에 철저히 적용하는 사람을 본 적이 있는가? 사고를 통해 얻은 확신을 기초로 행동하는 사람을 봤는가? 이런 질문이 그저 뻔지르르한 것이라고 생각한다면, 우리는 너무 게으르게 살아온 셈이다. 칸트가 말한 내용은 오늘날 우리 현실에도 동일하게 적용되고 있다. "우리는 과연 계몽된 시대에 살고 있는가?"라는 질문에 대해 "우리는 아직도 계몽시대에 살고 있다"는 답을 거부하기 힘들다.

젊은 사업가 L을 예로 들어보자.

L을 통해 스스로 생각하는 것이 무엇을 의미하고, 왜 특정한 상황에서 스스로 생각하고 판단하는 것이 어려울 수밖에 없는지, 그리고 왜 용기가 필요한지 알아보도록 하자.

15년 전부터 L은 아버지가 운영하는 기업에 참여하고 있다. 이 회사에는 직원 30여 명이 일하고 있다. 그는 단순 기술 업무에서 시작하여 단숨에 중역의 과제를 수행할 수 있을 정도로 열심히 일해 왔다. 영업, 판매, 회계, 관리 등 그의 손이 닿지 않는 곳이 없을 정도였다.

실제로 지난 몇 년간 회사는 거의 그가 운영하는 것이나 다름없었다. 현재 그는 30대 중반으로 자녀가 셋 있고, 주당 60~70시간 정도의 일을 하고 있다. 그가 하는 일에 비해 임금은 턱없이 낮은 형편이다. 한숨이 새어나오는 일이긴 하지만 후에 이 기업을 소유할 수 있다는 희망은 큰 위로가 된다. 그에겐 남동생이 하나 있다. 그는 회사에 관심도 없고 가끔 파트타임으로 일하면서 여행 등 레저생활에 주로 시간을 보낸다. 2년 전부터 동생은 이 회사의 일반 사원 업무를 시작했으나, 업무에 대한 관심도 없고 능률도 평균에 미치지 못했다.

하루는 부모님이 두 아들을 불러 앞으로 회사가 나아가야 할 방향에 대해 이야기를 나눴다. 아버지는 두 아들에게 자신의 사업을 똑같이 나눠줄 생각이었다. 그는 두 아들 모두가 회사의 사장이 될 것이라고 말했다. 그런데 둘은 부모님에게 주식을 양도받되 그것은 차용금과 같으므로 이에 대해 이자를 지급해야만 했다.

부모님은 그 이자로 노후를 보낼 것이었다. 아버지는 L이 그동안 회사에 공헌해온 것을 인정해 그에 대한 보상으로 반 년에 해당하는 보수를 일시 지급할 계획이었다. 물론 L은 그것에 만족할 수 없었다. 그동안 회사를 위해 몸 바쳐 일해 온 수고에 더해 부모님이 제대로 이해해주는 것 같지 않아 그저 실망스러울 뿐이었다.

당신이 L의 상황에 처했다고 상상해보자. 어떻게 행동하겠는가? 부모님의 의견에 대항하는 방법을 선택하겠는가, 아니면 인내심을 가지고 설득 작업을 펼치겠는가?

혹 이와 같은 비슷한 상황에 처한 적이 있었는가? 그렇다면 어떻게 행동했는지 돌아보자.

L이 그 문제를 풀어나가려면 어느 정도 용기가 필요하다. 그러나 용기 있게 대처할 의지가 없어 보인다. L은 자신의 의견을 강하게 피력하고, 자신에게 적합한 조건이 무엇인지 제시해야 한다. 부모님에게 최후 통첩을 하는 것도 좋다. 새로운 직장을 찾아보는 것도 괜찮은 방법이고, 다른 회사의 주주로 자리를 옮기거나 혼자 독립하는 방법도 있다. 하지만 안타깝게도 L은 이런 것에 관심이 없어 보인다. 왜일까?

그의 생각에는 한계가 있다. L의 머릿속에는 이런 생각들만 돌고 돈다. '부모님 말씀이 다 옳을지도 몰라. 두 아들에게 공평하게 회사를 나눠주고 싶은 게 부모님 마음이겠지. 그래 우리에게 회사를 넘기고 이제 편안한 노후를 보내시려는 것도 이해가 돼. 나한테는 그동안 열심히 일한 것에 대해 반 년 보수를 주신다잖아.'

자기 의견도 없이 부모님의 결정을 그대로 받아들인다면 L은 협상에 있어 능력이 제로인 사람이다. 스스로 생각한다는 것은 남을 말을 그대로 믿고 받아들이는 게 아니다. 그것은 스스로 판단한다는 것이다. 다행스럽게도 시간이 지나면서 L은 부모님의 결정이 적절치 않다는 것을 깨달았다.

정당성을 실현하려면 규정이 필요하다. 큰 아들이 오랫동안 회사에 열심히 기여를 해왔음에도, 회사에 관심이 전혀 없고 아무런 공헌도 하지 않은 작은 아들과 같은 대접을 해준다는 것은 부당한 처사이다. 일반 사원 수준의 업무에서도 제대로 된 능력을 보여주지 못한 작은 아들이 그동안 회사를 성공적으로 이끌어온 큰 아들과 함께 사장 자리에 앉는다는 것 또한 부당하다. 회사는 어쨌든 두 아들의 소유가 될 것이다. 이때 자본금은 부모님 손에 남게 된다. 어쨌든 조정의 여지가 있어 보인다. L은 10년 동안 150% 이상에 해당하는 업무를 감당해왔다. 그런데 반 년에 해당하는 보수가 보상으로 충분할까? 물론 가족의 평화를 지키는 것도 중요하다. 시간이 조금 지나자 L은 자신이 계산 능력이 그리 탁월하지 않음을 깨달았다. 또한 독립해서 자신의 회사를 차리는 것도 괜찮은 생각이라는 것을 깨달았다.

그동안 그는 훌륭한 경영인 자질을 증명해왔다. 그러므로 그가 과감히 자신의 기업을 설립한다면 직원이나 고객 대부분은 그를 따라올 것이다. 부모님에게 사표를 던진다면, 부모님은 자신들의 완고한 결정을 철회하고 다시 대화를 시도해보려고 할지도 모른다. 물론 끝까지 고집을 피울 수도 있다. 그러나 그렇게 한다면 큰 아들이 없어 회사가 심각한 경영난에 처하는 사태를 확인하게 될 것이다. 이로써 회사의 존립 자체가 위협받을 수 있다는 사실을 자각하게 될 것이다.

부모님에게 사표를 던지는 L의 용기는 대단한 것이다. 사표를 던져 어쩌면 많은 것을 잃을 수도 있다. L은 세 자녀를 거느린 가장이다. 게다가 자신의 회사를 설립하려는 계획마저도 타격을 받을 수 있다. 그리고 부모님과의 관계가 회복될 수 없을 정도로 심각해질 수 있다.

협상을 위해서는 생각하는 용기가 필요하다. L에게는 가족 부양에 대한 두려움, 회사 설립 실패에 대한 두려움, 부모님과의 관계에 대한 두려움이 존재한다. 즉, 이러한 두려움을 바탕으로 현실을 직시하고, 자신의 행동이 적절한가에 대한 판단을 점검해야 한다. 그리고 나서 침착하게 자신이 취해야 할 행동을 계획해야 한다. 행동을 시작하려면 용기를 갖춰야 한다.

이런 상황은 비단 L만 겪는 게 아니지 싶다. 협상을 하려는 사람은 우선 사고할 줄 아는 용기가 있어야 한다. 이를 통해 행동을 취할 수 있는 것이다. 아무런 생각 없이 협상에 나가는 사람들은 단번에 기가 꺾이게 마련이다.

생각과 감정

요즘은 감성지능(Emotional Intelligence)이 상당한 각광을 받고 있다. 물론 감성지능은 지도 능력의 핵심으로도 간주될 만큼 그 중요성이 더욱 커지고 있다. 지금 우리가 함께 살펴보고 있는 L의 경우에서도 이성지능(IQ)보다 감성지능(EQ)이 더 중요한 역할을 할 것으로 보인다. 생각이란 과연 무엇인가? 생각과 감정은 어떤 관계가 있는가? 이에 대해 각자 나름대로 판단하는 게 있을 것이다. 당신은 이성적 인간인가? 감성적 인간인가? 자신의 평가 기준은 무엇인가? 철학자들은 어떠했는가? 철학자들은 그저 생각만 한 게 아니라, 생각을 주제로 그에 대해 사고했다.

칸트는 생각을 '개념을 통한 인식'이라고 표현했고, 개념은 '일반 관념(표상)'이라고 했다. '탁자(Tisch)'라는 말이 어떤 특정 탁자

(Tisch)를 의미하는 게 아니라면 이것은, 이 '단어'로 표현되는 모든 물체를 의미하게 된다. 개념은 우리를 판단할 수 있는 사고와 연결시키고, 이로써 가정을 통해 결론을 내릴 수 있도록 해준다.

이러한 방식을 통해 개념에서 인식을 얻게 된다. '모든 탁자는 가구이다' 그리고 '모든 가구는 사람이 만들었다'라는 가정으로 우리는 '모든 탁자는 사람이 만든 것이다'라고 결론내릴 수 있다. 직접 탁자가 만들어지는 과정을 눈으로 확인하지 않았더라도 이러한 인식은 매우 강력하다. 결론은 가정이 유효할 경우에만 정확하다. 만약에 여기서 말하는 사람이 '탁자'란 말을 '빙하탁(탁자 모양의 넓은 빙원-역주)'의 의미로 사용했을 경우에는 결론이 정확하지 않다는 게 증명된다. 이로써 첫 번째 가정 '사람이 만들었다'라는 말도 거짓이 된다. '모든 탁자는 가구라고 할 수 없다'라는 말의 결론이 참이 된다. 요컨대 사고에는 엄격한 규칙이 따른다. 철학적 규칙은 바로 논리이며, 이를 결론의 학습이라고도 말할 수도 있겠다.

사고에는 항상 논리적인 법칙이 따른다. 논리가 명료하지 않을 경우 반론을 통해 모순이 밝혀진다. 모순이 발견된다는 것은 사고가 논리적이지 않다는 신호이다. 위의 예를 통해서도 '모든 탁자는 사람이 만든 것이다'와 '이 탁자(화자가 빙하탁을 의미하는 경우)는 사람이 만들지 않았다'는 두 가지 가정은 모두 모순된다는 것을 알 수 있다. 이 예는 사고의 논리성에 대한 핵심적인 문제점을 보여주고 있다.

사고는 언어를 통해 표현된다. 말은 개념에 대한 표시이다. 그렇다고 해서 언어로 표현되는 것들이 실질적 논증에서 항상 명백한 것은 아니다. 개념 자체가 추상적일수록 그 오해는 더 커진다. 만약 L이 '정당성'이라는 말을 언급한다면 그가 말하는 '정당성'이란 자신의 부모님이 말하는 '정당성'과 차이를 보일 수 있다. 그래서 사고가 개념의 의미 즉, 말 자체를 점검하는 것이 중요한 게 아니다. 중요한 것은 논리가 규정하는 경직된 형태에서 고민하지 말고, 결론을 미리 늘어놓지 않으며 그 정확성을 단계적으로 점검하는 일이다. 우리는 이런 사고 단계를 건너뛰면서 습관과 관습을 그대로 신뢰한다. 가정을 점검하지 않은 채 모든 것을 그대로 유효화시키면서도, 완전히 새로운 방향으로 생각을 전환시키기도 한다.

이러한 과정은 물론 실용적이고 효율적이다. 말 자체에 묶이지 않고 더욱 확장된 의미에서 생각할 수 있다. 엄격하고 논리적인 사고, 즉 좁은 의미에서의 사고는 수학 문제에서나 유효하다. 일상에서 우리는 그렇게 수학 문제처럼 정확하게 따지지 않는다. 논리적 법칙은 참으로 무자비하다. 모순이 있을 경우 무조건 참이 아니라는 것이 밝혀지기 때문이다. 그래서 우리는 논증을 일일이 점검하는 논리가 필요하다. 스스로 생각한다는 것은 바로 논리에 대한 생각을 점검하는 것임을 기억하자.

이때 '추론 검사'와 '언어 검사'라는 두 가지 도구가 필요하다. 추론 검사를 통해 다른 사람이 주장한 것의 동기를 검토한다. '결론을 얻기 위해 자신의 동기를 제시'할 것을 요청한다. "동기가 일리가 있다면 다른 결론이 내려질 수 있는가?"라는 질문을 해보자.

다시 L의 경우를 보자. 'L이 그동안 회사에 기여한 성과에 대해 반년 보수가 그 보상으로 충분한가?'라는 가정이 정당한가 생각해보자. 언어 검사를 통해 다른 사람들의 입장을 점검한다. '이때 그가 말하는 개념은 내가 생각하는 개념과 동일한가?' '이 표현이 그 상황에 어떤 의미가 있는가?'

L의 입장:

L의 부모님은 자신들의 결정이 정당하다고 생각한다는 가정을 해보자. 그들이 정당하다는 말을 어떻게 이해하고 있는가에 대해 아는 것은 중요한 시작점이 된다. 그들은 두 아들에게 공평해야 한다는 점을 말하려는 듯하다. 그러나 두 아들이 회사에 기여한 정도는 각각 다르지 않은가. 이에 대해 부모님이 어떻게 판단하고 있는지, 정당성이 공평성과 상통하는 것인지를 생각해보자.

생각해야 할 것이 참으로 많다. 이러한 점검을 통해 우리는 정말 중요한 내용이 언급되지 않았다는 결론에 도달할 수 있다. 어쩌면 당신은 이에 대해 이론을 제기할지도 모른다. 우리는 이런 문제에 대해 토론하면서 정당성이란 개념과 결론을 검토하게 된다.

우리는 서로 노력하는 자세를 보이기도 하고, 서로 위로하기도 하고, 서로 화를 내다가도 다시 마음을 추스르기도 한다. 두려워하기도 하고, 화를 내기도 하면서 기뻐하기도 한다. 어쨌든 사람들은 서로 관련되어 살아가고 있다. 우리는 사고 속에서 혼선을 빚기도 하고 다시 적극적으로 사고하다가 멈추기도 한다.

우리의 감정은 생각을 비밀스럽게 조정한다. 이런 감정은 짐작하기 어렵고 거부할 수 없으며 우리 생각을 풍요롭게 만들기도 한다. 생각이 요구되는 상황에서 이를 위한 용기를 갖춰야 한다는 감정이 발생하기도 한다. 그 감정은 바로 두려움이다. 용기가 필요하다는 감정은 두려움에서 비롯된다.

L이 열심히 일한 대가로 큰돈을 요구한다면 그것은 뻔뻔한 처사일까? 만약 그가 동생을 제외하고 혼자 회사 경영을 맡게 된다면 어떨까?

그가 이런 주장을 펼친다면 부모님은 이를 거부하고 화를 낼까? 그가 부모님의 제안을 거부한다면 그것은 부모님에게 감사하는 뜻이 없다는 것이며 그들의 평생 업적을 부정한다는 의미일까? 자신의 주장을 펼치는 권리를 포기하는 것이 옳은 일일까? 그는 이기주의자일까? 이런 질문에는 수많은 감정이 내포되어 있는데, 이 모든 감정을 조정하는 것이 바로 두려움이다.

용기를 감춰서는 안 된다. 생각을 미뤄서도 안 되고 이를 항상 점검해야 한다. 생각할 줄 아는 용기는 감정에 지속적으르 압력을 가한다. 아리스토텔레스가 적절한 중간점을 찾으라고 랬던 말이 바로 이를 뜻한다. 감정에게 생각할 수 있는 권리를 주라는 것이다. 감정을 점검하고 지속적으로 질문하고 정확한 논리를 요청한다. 감정에 적절한 가치를 부여하라. 이런 작업을 통해 두려움을 극복할 수 있다. 스스로 생각하는 것, 이는 용기가 필요한 일이다.

스스로 생각할수록 용기는 새록새록 생겨난다. 그리고 용기를 적절히 활용하면 된다. 이에 대한 책임은 이성에게 있다. 아리스토텔레스가 말하는 적절한 중간점을 찾는 것이 바로 이성이다. 플라톤은 이성이 인간의 영혼을 이끌고 국가를 이끄는 중요한 요소라고 했다. 자신이 미숙하다고 느껴지는 순간에 용기가 감정을 극복하면 우리는 사고하고 행동할 수 있다.

미숙한 사람들에게는 감성지능이 부족하다. 그동안 내가 만나온 사람들을 관찰해봤을 때 이성지능이 높아도 용기가 부족한 경우가 많았다. 당신 주변에서도 이성지능이 높은 똑똑한 사람일지라도 용기가 부족하여 문제를 겪고 있는 경우를 본 적이 있을 것이다. 감성지능이 부족하기 때문이다. 감성지능이란 자신의 감정을 잘 표현하는 능력일 뿐만 아니라 다른 사람들의 생각을 섬세하게 느낄 수 있는 능력이다. 자신의 감정을 의식적으로 인식하면서 그것과 구조적인 방법으로 소통할 수 있는 능력이다. 또한 감성지능은 두려움과 적절히 교제할 수 있도록 도와준다.

생각을 방해하는 상황을 극복하게 해주는 용기

L의 경우 L이 스스로 생각할 수 있는 기회를 다른 사람에게 방해받은 게 아니다. L은 자신의 결정으로 이를 묵과하고 있다. 부모님이 의견을 일방적으로 강요하고 있는 상황도 아니고, 두 아들에게 동의할 것을 강요하지도 않기 때문에 독립적으로 생각할 기회를 박탈하는 게 아니다.

생각을 방해하는 방식이 항상 겉으로 드러나는 건 아니다. 기업의 경우는 직원들의 독립적인 생각을 방해하기 위해 과격한 수법을 쓰기도 한다. 물론 투쟁이 있는 곳에서는 좀더 과격한 방식으로 나타난다. 이런 경우 자신의 용기를 표현하는 사람은 또 다른 방식으로 저항을 받기도 하는데, 그것은 바로 킬러프레이즈(Killer Phrase, 타인이 내놓은 아이디어를 쓸모없는 것으로 깔아뭉개는 말이나 행위-역주)이다. "끔찍한 이론이군." "이런 아이디어는 이미 옛날부터 있었어." "어떤 공상가가 만들어낸 아이디어지?" "그런 건 시도해본 적도 없고, 시도할 수도 없어." 킬러프레이즈를 예로 들자면 아마 끝이 없을 것이다. 킬러프레이즈란 상대의 아이디어를 죽이는 행위이다. 그러나 이런 킬러프레이즈를 받더라도 스스로 자신을 무시해서는 안 된다.

킬러프레이즈에 압도당하는 순간에 필요한 것은 무엇인가? 당신에 대한 상대의 부정적인 평가에 대응하는 용기이다. 상사가 당신에게 킬러프레이즈를 해왔다고 하자. 당신은 어떻게 반응하는가? 그에 대한 강력한 의견이 떠오르는가? 어떤 킬러프레이즈가 당신을 혼란스럽게 했는가? 그것이 무엇이었는지, 왜 그토록 당신을 혼란스럽게 했는지를 생각해보자.

킬러프레이즈에 대처하려면 훈련을 해야 한다. 이로써 공격에 대응할 수 있고 자신이 생각하는 존재임을 표출할 수 있다. 공격에 대해 다시 공격하는 것 외에 대화하는 방식으로는 독적을 달성할 수 없다. 한편 이런 훈련으로 자신의 내적 상태가 완전히 변화되지는 않는다는 점에 주의해야 한다. 킬러프레이즈에 부딪혔을 때 이에 대처하는 미덕으로서 특정한 용기가 필요하다.

킬러프레이즈는 어떤 방식으로 효력을 발생하는가? 누군가 당신의 의견에 대해 '그 아이디어는 이미 예전에 나왔던 거야'라고 말했다면, 그는 당신이 남다른 아이디어를 떠올리지 못한다는 점을 확신하는 셈이다.

당신이란 존재를 평가절하하는 것이다. "당신은 그리 똑똑한 사람이 아니군." 이로써 당신의 생각에 관심이 없다는 태도를 분명하게 보여준다. 다시 말해 킬러프레이즈는 상대의 생각을 어떠한 검토도 없이 의도적으로 무시해버리는 악의적인 태도이다. 킬러프레이즈는 다른 사람의 생각에 대해 정확한 목적을 가지고 공격하는 방식으로 그 생각을 중단시켜버린다.

킬러프레이즈를 받을 경우 어떤 용기가 필요할까? 킬러프레이즈를 받을 때 가장 큰 두려움은 무엇인가? 아마도 공격자 외에 모든 사람도 당신에 대해 부정적인 판단을 내릴지도 모른다는 두려움일 것이다.

제삼자마저도 공격자와 의견을 함께할 것이라고 가정하게 된다. 제삼자도 공격자의 의견에 영향을 받아 평가를 공유하는 것, 이것이 킬러프레이즈의 목적이다.

공격 초점을 정확히 맞추고 재치가 가미될 경우 킬러프레이즈 효과는 극대화된다. 재치와 목적이 있는 대화에 관해 프로이트는 '재치와 무의식과의 관련'이란 글에서 상세히 설명하고 있다. "욕망을 자극하는 농담을 통해 듣는 사람이 말하는 사람과 같은 입장에 서도록 한다. 이로써 그들과 함께 희생자를 비웃는 식의 대화가 진행된다." 예컨대 일본 사람들은 한국 사람들에 대한 농담을 하며 즐거워하고, 한국 사람들은 일본 사람들에 대한 농담을 하며 웃는다. 킬러프레이즈에서는 언제나 목표가 되는 희생자가 존재한다. 물론 주변에 구경꾼이 없고 공격자와 희생자 둘만 있을 때도 그 영향은 충분히 발휘된다. 공격자는 희생자에 대해 비웃으며 즐거워하고 구경꾼이 있는 것처럼 그들과 함께 재미를 만끽하는 듯 행동한다.

킬러프레이즈에 대항하려면 남의 평가를 곧이곧대로 받아들이지 않고 그것에 대한 두려움을 극복하는 용기를 갖춰야 한다. 용기를 가진다면 킬러프레이즈에 대처하는 방법이 자동으로 떠오를 것이다.

"제가 말하는 건 이전의 아이디어와는 차이가 있습니다"라는 식의 말을 통해 자신을 스스로 평가해야 한다. 단, 용기가 있느냐 없느냐 하는 게 중요하다. "뭐가 문제인지 이해할 수 없군요." 이 말의 뜻은 이렇다. "당신은 참 복잡하게 생각하는군요. 그래서 정작 중요한 걸 놓치고 있습니다." 이런 대응은 어려운 상황을 종료시킨다. 요컨대 용기를 가지면 당신에 대한 타인의 평가를 극복하고 자신의 의견을 고수할 수 있다.

"참 우스운 이론이군요"라는 말을 들으면 자신이 아주 이상한 이론가로 낙인찍히는 듯한 느낌이 들 것이다. 이런 무례함에 대해 용기를 가지면 자신의 생각을 정당화할 수 있다. 다른 사람들이 당신을 더 이상 할 말이 없을 지경까지 몰아넣는 게 문제가 아니라, 그들이 당신에 대해 부정적인 평가를 내리는 것에 대해 두려워하는 것이 문제임을 인식해야 한다. 킬러프레이즈에 대항한 용기란 자신의 가치 평가를 스스로 할 수 있게 하고 자기 생각을 관철하게끔 허준다.

생각을 가로막는 전략은 알아내기가 어렵다. 특히 어떤 기업은 직원들의 독립적인 생각을 막기 위한 방법을 은밀히 사용하기도 한다. 금기시하는 것처럼 언급을 막는 상투적인 방법을 사용하기도 한다.

나는 이러한 상투적 표현을 '사고의 깍지'라고 칭하겠다. 이것은 킬러프레이즈보다 재치는 떨어지지만 효과는 꽤 있다. 사고의 깍지를 벗기려는 사람은 그 안에 담긴 반대 의미를 알아차릴 수 있다. 이들은 금기를 깬다. 그들은 아무도 이견을 제시하지 않는 상황을 인정하지 않는다.

이때도 용기가 필요하다. 몇 가지 예를 통해 사고의 깍지가 무엇인지 자세히 살펴보자. 경영에서 자주 사용되는 사고의 깍지로는 '비용 절감'이 있다. 대부분의 기업은 이런 표어를 앞세워 절약을 강조한다. 하지만 잊어서는 안 될 것이 있다. 원가 절감의 원칙에도 불구하고 고객 관리를 위해서는 비용을 들여야 한다고 용감하게 주장하며 금기를 깨는 사람이 있다. 또는 도덕, 사회적 가치가 비용 절감보다 더 중요하다고 주장하거나, 대차 대조표보다는 활동에 더 큰 의미를 두는 사람도 용기가 있다. 그들은 부적절한 주장에 비판을 가할 줄 안다.

그런데 달리 생각해본다면, 비용 절감이란 사고의 깍지는 그리 잘못된 것도 아니다. 회사 유지를 위해서는 이익을 중시할 수밖에 없지 않은가. 단, 적절한 부분에서 비용 절감을 해야 한다. 그렇지 않으면 비용 절감으로 기업의 근간이 흔들릴 수도 있다. 사고의 깍지는 거짓말이란 성격도 갖고 있다. 그것의 주요 기능은 섬세하게 생각하는 기회를 막아버리는 것이다.

사고의 깍지로 자주 등장하는 표어 중에 '나와 제품을 동일시하라'는 것이 있다. 여기서 동일화라는 말은 나와 제품의 신분이 동일하다는 뜻이다. 동일화란 사람 사이에서 가능한 것으로 여겨진다. 사람이 사회 조직과 자신을 동일시하려면 자신이 거기에 소속돼 있어야 한다. 그런데 제품은 어떠한가? 예컨대 화장지나 값싼 볼펜을 자신과 동일화할 수 있을까? 직장 생활을 하면서 자신의 직업이 인생에 큰 의미가 있다면 이러한 사고의 깍지는 참일 수 있다. 그런데 회사가 요구하는 사항은 자신과 동일화가 될 수 없다.

이와는 조금 다른 사고의 깍지도 있다. '돈이 가장 중요하다' 물론 그럴 수 있다. 하지만 돈으로 환산할 수 없는 더 중요한 게 있다. '정당성은 평등과 서로 통한다.' 여기에는 다른 것은 다르게 대해야 한다는 뜻이 포함돼 있다. 성과나 필요성이 다르다면 기준은 달라질 수 있다. 사고의 깍지는 진실을 감추며, 자세히 생각할 수 있는 계기를 가로막고 있다. 당신이 생각하는 것과 다른 방향을 따르지 않으면 잘못이라고 느끼도록 만들기 때문에 사고의 깍지는 두려움의 원인이 되기도 한다.

당신이 이런 사고의 깍지를 이미 인식했는지 모르겠다. 어쩌면 경험은 했으나 잘 기억이 나지 않을 수도 있다. 사고의 깍지에 주의를 기울이는 사람은 더 현명해질 수 있는 가능성이 있다.

생각을 박탈해버리는 경우는 또 있다. 어떤 분야의 전문가들은 그들만의 은어로 신호를 보내기도 한다. 그로써 이를 이해하지 못하는 사람들이 스스로 조직에서 낙오되도록 하는 것이다. 권력자들이 권력 없는 사람들에게서 다소 건방지다고 여겨지는 질문을 받았을 때도 이런 방법을 사용한다. 이 정도로 사고의 깍지를 깨기 위해 왜 용기가 필요한지, 어떤 두려움으로 이 사고의 깍지에서 벗어나지 못하고 조종당하는지에 대해 설명이 충분히 되었다고 본다. 리더 역할을 하는 사람들에게 이런 용기는 필수적이다. 독립적으로 생각하고 판단하는 것은 리더 역할을 하는 이들에게 최소한의 전제 사항임을 명심하자. 이를 통해 신뢰와 존경을 받을 수 있는 것이다. 자신만의 생각이 없다면 존경을 받지 못하는 것은 당연한 일이다.

당신의 상사는 어떤가? 스스로 생각하는 사람인가? 아니면 그저 대세에 따라 행동하는가? 당신이 존경하는 사람은 독립적인 판단을 내리는가? 대세를 따르며 남의 말을 자기 말로 옮기는 사람과는 어떻게 어울리고 있는가? 용기와 스스로 사고하는 능력은 서로 분리될 수 없다. 대부분의 사람은 상사나 정치인 혹은 고문들의 확신과 규정을 아무런 판단 없이 그대로 수용하는 습관이 있다. 이런 기준을 아무런 생각 없이 자신의 결정의 기준으로 삼는 것이다.

토론을 가능토록 하는 용기

스스로 생각하는 것을 저지당하는 상황에 부딪히면, 용감하게 행동하는 것이 가장 이상적이다. 이를 위해서는 확고한 논증이 필요하다.

이런 논증은 문제를 철저히 분석해야 갖출 수 있다. 내가 토론이라고 일컫는 대화는 이성을 기초로 한다는 사실을 명심하자.

플라톤은 "생각이란 자기 자신과 나누는 영혼의 대화"라고 말했다. 토론은 철학적 사고와 상통한다. 생각을 단절시키는 상황에서 용감하게 투쟁하는 행위의 이면에는 깊은 철학적 이상이 담겨 있다. 철학의 2000년 역사를 되돌아보면 한편으로 실망스러울 수도 있다. 어마어마한 사상 속에 서로 모순됨이 존재하기 때문이다. 상세하게 나뉜 분야와 주제 그리고 질문과 답이 존재한다. 그렇다면 서로 연관되는 부분은 어디에 있는가? 철학자들 대부분이 선조가 계발한 사상을 비판하며 그에 대한 의문을 던졌다. 더러는 기존 사상을 내팽개치고 아주 새롭게 시작하기도 했다. 연관성은 어디에 있으며, 총체는 어디에 있는가? 구속력은 어디에 있는 것일까?

자연과학이나 사회과학과는 달리 철학은 제도적, 지속적인 지식의 총체를 제공하지 못한다. 그래서 철학에 대한 옳고 그름을 판단하기가 어렵다. 그러나 철학에는 통일성이 존재한다. 모든 사상가들을 관찰하면서 우리는 그들을 '철학적이다'라는 말로 통일하지 않는가? 이에 관해 칼 오토 아펠(1922)과 위르겐 하버마스(1929)는 꽤 깊이 있는 연구를 했다. 아펠은 논쟁하는 사람들은 자신의 의견에 대해 무의식적으로 타인의 동의를 구한다고 설명했다.

듣는 사람을 설득하려는 의지가 없다면 대화에서 사고하는 과정을 계발한다는 것은 전혀 의미가 없다. 그런 이유로 모든 이론적 논쟁은 이미 실질적인 동기가 있다. 즉 논쟁은 실질 세계에서 실질적인 인간을 목적으로 한다. 논쟁은 동의를 구하는 행위이다. 실제는 이론에 비하면 상위에 속한다. 항상 실질적 상황이 우선이며 그 다음이 논증이다.

철학은 근본적으로 대화 개념을 갖추고 있다. 대화, 이것은 실제 철학적 대화뿐만 아니라 전통 텍스트로 유효하다. 글 속에서 논쟁하고, 독자의 동의를 구하기도 한다. 저자들은 선조의 주장에 대해 답변하기도 하고, 동의하기도 하고, 상대화하고, 거부하기도 한다. 그 안에는 항상 동기가 있으며 논쟁이 지속된다. 모든 철학적 텍스트는 사상가들의 큰 토론으로서 지금까지 읽혀왔다. 주장한다는 것은 이성을 기초로 이야기한다는 것이다. 그들은 매우 조심스러운 태도로 논리적인 법칙에 따라 설명하기 위해 노력한다.

정치, 홍보성 연설 혹은 광고에서나 나올 법한 말과는 다르다. (정치인의 연설이나 광고문은 토론이 아니다.) 정치인의 연설이나 광고문은 이성적이지 않다. 이들의 수단은 논증과 큰 차이가 난다. 홍보성 연설은 논증적 논리가 부족하다. 이는 단지 남을 설득(협상)하려는 목적이 있을 뿐이다. 하버마스는 전략 행위와 의사소통 행위를 구분했다. 전략 행위는 정치, 홍보성 연설이며, 이는 타인에게 경향을 주려는 목적을 위한 수단이다.

의사소통 행위는 철학의 의무이기도 하며 실질적인 목적에 대한 논증이고 이성과 관련된 설득력이다. 이는 더 나은 논증을 위한 '자신만의 강요가 없는 강요'에 기초한다고 하베르마스는 설명한다. 즉 토론은 다른 사람들에게 생각하는 자유를 준다. 토론은 항상 철학적인 사상을 기초로 자신의 생각을 지지한다는 규칙이 있다.

- 나는 권한과 요령을 부릴 줄 아는 능력이 아닌, 내 이성적 주장을 믿는다.

- 나는 다른 이의 동의를 얻고자 한다. 하지만 그들에게 자유를 준다.

- 나는 내게 확신이 설 경우에만 동의한다. 나는 '자발적인' 사람이다.

- 나는 내가 생각하는 것을 말할 줄 알고, '진실'하다.

- 나는 모든 사람을 대화 참가자로 본다. 그들은 모두 이성을 가지고 있다.

- 나는 터부를 용납하지 않는다. 우리는 모든 내용에 대해 질문할 자유가 있다.

나는 대화에서 이해할 수 있는 의사소통 법칙과 논리적 정확성을 따라야 한다고 생각한다. 이런 관점에서 자신을 돌아보자. 당신은 주변인과 이러한 토론 문화를 공유하고 있는가? 이런 유익한 토론 문화를 경험해본 적이 있는가? 더 나은 주장이 오고가는 대화를 통해 강요 아닌 강요를 경험해본 적이 있는가? 이런 분위기가 불가능한 곳은 어디인가? 어떤 사람들이 이런 토론 문화를 선호하는가? 또 어떤 사람들이 이를 싫어하는가? 이에 대한 답을 통해 스스로 각성할 수 있을 것이다.

이런 토론의 콘셉트는 당연히 이상적이다. 단, 실제로 의무화될 경우에만 그러하다. 농간을 부리지 않고 이성을 기초로 대화하고 설득하는 것, 힘으로 밀어붙이기보단 논증으로 대화하는 것, 이는 철학에서만 적용되는 게 아니다.

관습화는 단순히 미학적 이론을 넘어 실제에서도 적용할 수 있다는 데 의미가 있다. 앞서 예를 든 L의 경우, 동생과 부모님과의 갈등에 이런 토론 방식을 적용하면 좋다. 각자의 입장에 대한 이성적인 검토, 명백한 정당성, 이상적인 회사 양도 방식이 그 주제가 될 수 있겠다. 이 논쟁의 목표는 대화 그 자체가 아니라 명백성을 밝히는 것이다. 각자의 생각, 대화 그리고 관계가 가장 중요한 요소기다. 과연 스스로 생각하는 능력과 용기는 무슨 관련이 있을까?

스스로 생각할 줄 아는 사람은 자연스러운 태도로 토론에 참여할 수 있다. 킬러프레이즈나 사고의 깍지로 공격당하는 상황에서도 특정 두려움에 흔들리지 않는 사람은 철학적 사색을 하며 살아간다. "자신의 이성으로 판단하는 용기를 가집시다!" 이 용기는 어디서든 토론할 수 있게 만든다. 다른 사람의 전략적인 태도에 고개를 숙이지 않고 이성적인 논증을 이끌어 갈 수 있는 용기이다. 권력과 조정 대신에 '더 나은 논증을 위한 강요 없는 강요'를 기초로 한 용기이다. 이성이라는 무기로 경멸과 자기 편한 방식대로 생각하는 태도, 그리고 자기 관심에만 초점을 두는 행위에 대항하는 용기이다.

그렇다면, 리더는 모두 철학자여야 할까? 그렇기도 하고 그렇지 않다고도 말할 수 있겠다. 그러나 이것은 철학적 연구를 해야 한다는 뜻이 아니다. 수많은 철학자가 있었지만 용기에 대해 제대로 무엇인가를 제시한 철학자는 거의 없다. 리더라면 어느 정도 천재적인 토론을 이끌어나갈 능력은 있어야 할 것이다. 그 정도에 따라 이성을 기초로 한 논쟁을 가능하게 하는 능력이 증명되고 모범이 될 수 있을 것이다.

스스로 생각할 줄 아는 용기란 무엇일까?

1 자유란 스스로 생각할 때 가질 수 있다. 스스로 생각할 줄 아는 용기가 없는 사람은 마비된 것과 다름없으며 행동하지도 못 한다.

2 미숙한 사람은 사고력보다는 감정을 사용한다. 두려움이 사고할 수 있는 능력을 방해한다. 용기로 이 두려움을 극복해야 한다.

3 킬러프레이즈와 사고의 깍지는, 자신에 대해 다른 사람들이 부정적으로 판단할지도 모른다는 두려움을 조장한다. 이 두려움이 생각을 단절시키는 요소이다. 다른 사람의 판단을 극복할 때 이런 상황에서 벗어날 수 있다.

4 스스로 생각할 줄 아는 사람은 직장이나 개인 생활에서도 항상 토론에 참가할 수 있다. 토론이란 권력과 강요가 아닌 이성을 통한 논쟁이다.

타임아웃 2 : 철학적으로 사색하기

칸트는 사람이 철학을 배울 수는 없으나 사색하는 방법은 배울 수 있다고 했다. 첫 번째 타임아웃에서의 철학적 사고에 대한 내용을 보충하기 위해서라도 철학과 철학적 사색의 차이를 언급해야 할 것 같다. 우리는 철학을 사상가들의 철학 책에 빽빽이 담긴 방대한 사고와 사상이라고 이해했다. 여기서 말하는 철학은 철학적 전통이다. 이러한 전통이 새롭게 검토되고 현재에 알맞은 문맥으로 이해될 수 있을 때 그것은 아주 유익하다고도 언급했다. 철학적 사상은 새롭게 사고하고 현대의 관점에서 이해할 경우 큰 가치가 있다. 한편 아리스토텔레스의 사상을 이해하지 못하고 그저 외운다면 아무런 의미가 없다.

이런 사상은 우리가 점검하고 비판하고 변형하고 습득할 때 다시 살아난다. 이것이 바로 철학적 사색이다. 철학적 사색이란 자기 자신 또는 다른 사람들과의 논쟁적 대화 속에서 스스로 생각하는 것을 말한다. 이와 달리 철학은 사상가들이 자신의 텍스트를 그대로 우리에게 전달해준 응고된 사상이다. 철학적 사색은 과정이고, 철학은 결과일 뿐이다. 물론 철학과 철학적 사색은 서로 관련돼 있다. 철학의 텍스트를 읽는 과정에서 단순히 지식을 전달받는 데 그치는 것이 아니라, 정말 사고하고 있다면 당신은 철학적 사색을 하고 있는 것이다.

한 철학자가 철학적 사색을 통해 글을 쓴다그 가정해 보자. 이 글은 바로 철학이다. 칸트는 철학적 사색을 우선으로 보았다. 철학을 살피지 않고 그대로 받아들이는 사람은 스스로 사고하지 않는 것이며, 철학의 중요한 부분을 간과하게 된다. 철학을 그저 외우려는 사람은 철학에서 아무것도 이해하지 못한다.

철학과 철학적 사색은 모두 토론이다. 철학적 전통이 순응하는 주제가 다르고, 논증이 다르고, 답변이 다른 경우에도 모든 철학은 공통점을 가지고 있는데, 그것은 바로 토론의 기본 구조이다. 철학의 텍스트에는 논증적인 철학자의 노력하는 모습이 담겨 있고, 독자의 동의를 구하고, 이성을 기초로 근거를 제시하고, 모든 가치에 대한 점검, 더 나은 논증에 대한 강요 없는 요구 등 모든 것이 들어있다. 각 철학자들은 토론의 이상형을 달리 보고 있다. 그러나 철학의 역사 2500년 동안 이를 요구하는 입장에는 변함이 없다.

철학적 사색도 물론 토론의 규칙을 따른다. 철학적 사색은 인간의 실제 철학적 대화 속에 있다. 또한 생각이 묻어나는 철학적 텍스트에 있고, 철학자들이 수세기에 걸쳐 서로 나누었던 가상의 대화 속에 있다. 그리고 결국에는 철학적 사고를 하는, 더 나은 논증의 에너지를 신뢰하며 대화할 줄 아는 자기 자신 안에 있다. 이성을 근거로 이야기하며 동의를 구한다는 것은 실제로 그 목적이 달성된다는 것을 의미하지는 않는다. 일반적으로 그 목적에 도달하지 못하는 경우가 더 많다. 하지만 사색하는 사람들의 동기와 목표란 결국 듣는 사람들이 자신의 의견에 동의해주는 것, 바로 그것이다. 물론 모든 주제와 관련하여 철학적 사색을 할 수 있는 것은 아니다. 처음부터 이미 결정된 명백한 사실이기에, 우리가 철학적 사색을 통해 이래라저래라 할 수 없는 것들이 있다. 예를 들어 자연과학의 법칙, 국가의 기본법 등이 그렇다. 이에 대해 의심을 늘어놓고 철학적 사색을 한다는 것은 우스운 일이다.

예를 들어 피타고라스의 공식이 참인지 거짓인지에 대해 철학적 사색을 한다면 어떨까? 이 외에도 참과 거짓을 구별한다는 것 자체가 불가능한 경우가 있다. 취향이 그렇다. 취향과 관련해서 토론을 이끌어간다면 다음과 같은 주제에 대해 질문을 해볼 수 있겠다. 미켈란젤로나 피카소 중 누가 더 위대한 미술가인가? 보다시피 이러한 취향을 묻는 질문과 철학적 사색은 전혀 관련이 없는 것이다.

철학적 사색을 하기 위한 주제로는 진실일 수도 있고 진실이 아닐 수도 있는 것이 좋다. 철학적 사색을 위한 주제로 좋은 것은 충분히 있다. 논쟁할 수 있는 주제는 그 이유와 동기를 짐작할 수 있다. 그래서 토론이 가능하다. 취향과 관련된 주제나 이미 확정된 법칙이나 사실화된 주제의 영역을 제외하면, 철학적 사색을 위한 어마어마한 영역이 존재한다.

인생과 관련된 주제도 좋다. 어떻게 행동해야 하는가? 정당성이란 무엇인가? 우리 인생은 어느 방향으로 가야 하는가? 참과 거짓을 어떻게 구분하는가? 인생의 의미는 무엇인가? 이렇게 인생과 관련된 문제에 대해 철학적 사색을 할 수 있다. 아울러 미래 역시 아직 결정되지 않은 것이기에 우리가 풀어갈 수 있는 좋은 논쟁의 주제가 된다.

실제 행동에 대한 질문으로서 이성에 기초한 논쟁을 할 수 있는 주제는 언제든 토론의 대상이 된다. 기업이나 조합과 같은 조직에서, 정치 영역에서 또는 가족 내에서도 마찬가지다. 그 목적은 대화로 이성적이면서도, 가능하면 많은 사람의 동의를 구할 수 있는 해결책을 찾는 것이다. 철학과 철학적 사색은 일상 어디에나 적용되는 실용적인 것이다.

철학과 철학적 사색은 과학이라는 학문과 명백한 차이를 보여준다. 의심할 여지가 없는 명백한 결과가 철학이 원하는 것이라고 생각한다면, 이는 오해이다. 문제가 오픈되어 철학적 사색을 할 수 있는 주제가 바로 철학의 대상이다. 이성을 기초로 논쟁으로 이끌어 갈 수 있는 사고와 대화가 바로 철학의 대상이라고 할 수 있겠다. 그렇다면 철학적 사색에 도움이 되는 것은 무엇인가?

이성을 기초로 하는 대화에서는 개념들이 설명된다. 서로를 이해시키는 과정에서 자신들이 말하는 개념의 의미가 설명되고 명백해진다. 철학적 사색은 공동의 언어를 찾아내는 작업이다. 언어로 대화하면 사고는 좀더 명백해진다.

이 책을 통해 이런 작업이 가능하도록 만들고 싶다. '리더에게 필요한 용기'라는 주제를 살펴보면서, 예컨대 아리스토텔레스의 미덕이라는 개념 또는 미숙함을 계몽하려는 발상을 제안하고 싶다. 예를 들어 진정한 인생에 대한 하이데거의 사고 또는 홉스의 국가 계약과 관련된 사상을 두고 논쟁해보자.

우선 철학적 전통을 기반으로 2장에서 다루었던 리더 개념 그리고 용기가 중요한 리더의 미덕이라는 이 책의 논제와 같은 자기만의 논증을 제시해본다. 나는 철학적 전통을 나의 생각과 연결시키면서 당신의 동의를 구하고 있다. 이때 당신은 나의 제안을 점검하고 이에 대해 사고하게 된다. 나의 논증이 당신에게 명백하게 다가오지 않는다면 이를 비판하기도 할 것이다. 그와 달리 당신도 이에 대해 확신을 갖게 된다면, 당신은 바로 동의할 것이다. 요컨대 이렇게 철학과 나 그리고 당신 사이에서 토론이 시작된다. 내가 리더들에게 용기가 중요하다는 견해에 대한 동의를 얻고자 논쟁을 시작하면, 당신도 이에 대해 사고하며 점검 작업을 시작하게 된다.

　대사상가들의 철학은 우리의 철학적 사색에 항상 살아 있다. 대화하듯 풀어나가고 있는 나의 책도 마찬가지로 단순히 척하고 있는 게 아니라 철학적 사색이라는 우리의 사고 활동의 구조를 따르고 있다. 계속 이렇게 시도해보도록 하자.

4 옳은 행동을 위한 용기

비정직성
용기, 눈치 보지 않는 행동
올바른 방향 정립을 위한 용기
광채를 발하는 용기

4 옳은 행동을 위한 용기

"철학자들은 세상을 수많은 방식으로 해석했다. 하지만 세상을 바꾸는 일은 또 다른 차원의 것이다." 포이어바흐(Feuerbach)의 열한 가지 논제 중 마지막 논제이다. 칼 마르크스(1818-1883)는 열 가지 논제 중 첫 번째 논제로 젊은 종교 철학자인 루트비히 포이어바흐(1804-1872)를 비판한다. 기독교의 종교적 사상을 구체적인 인생의 결과로 이해할 수 없다는 것이 그의 주장이다. 시민 사회와 경제 활동, 삶의 조건은 기독교적 신화에 대한 동경과 욕구를 만들어냈다는 것이다. 열한 번째 논제가 지속되는데, 여기에서는 마르크스의 전체 철학이 담겨 있다. 그가 말하는 철학의 실습이란 철학 그 자체가 주제가 아니라 철학 자체가 스스로 실용적이어야 한다는 것이다. 사람은 행동에 대해 생각해야지, 스스로 철학을 햝하라는 뜻이 아니다.

철학은 좀더 혁명적이어야 한다. 구체적인 행위와 연결이 되어야 한다는 말이다. 끊임없이 생각만 하고, 아무런 행위를 하지 않고 움직이지 않는다면 무슨 소용이겠는가? 고르디우스의 매듭을 어떻게 풀어야 할지 고민만 하라는 이야기가 아니다. 언젠가는 알렉산더 대왕이 칼을 들고 와서 끊어야 할 것이다. 단순히 그 상태만을 지속적으로 보고 있을 게 아니라 그 마비된 상태를 누군가가 풀어줘야 할 것이다. 마르크스의 열한 번째 논제는 마지막 장이 요구하는 사항과 관련이 크다. 스스로 생각하기만 하는 용기는 충분치 않다. 생각한 것을 행할 때 그 가치가 있음을 명심하라.

논쟁이라는 것은 어쨌든 결론이 나야 한다. 그리고 이 결론은 구체적인 행위로 연결되어야 한다. 매니저라는 사람들은 사고를 얼마나 하느냐에 대해 보수를 받는 게 아니라 자신의 행위에 대해 보수를 받는다. 이제까지 얼마나 말이 안 되는 행동들을 봐왔는가? 아무것도 하지 않는 것보다는 그래도 잘못된 행동이라도 하는 게 도리어 잘하는 것일까?

마르크스의 후계자들은 총검의 설득력에 무조건 의지하기보다는 정당한 사회에 대한 상이 확립되었는지를 이미 검토한 상태였다. 스스로 행한 것을 인식했으며 이를 정확하게 점검했다. 알렉산더는 고르디우스가 묶은 매듭을 일일이 손으로 풀지 않고, 단칼에 내리쳐 끊어버렸다. 내가 말하는 그 선택사항이란 생각하느냐 또는 행동하느냐 그 둘 중 하나가 아니다. 생각이 없는 행동은 인간의 목숨도 돈도 아무것도 구할 수 없다. 행동을 하기 전에 사고하는 것은 절대적으로 중요하며, 다른 사람들에게도 큰 영향을 준다.

더 중요한 것은 얼마만큼 사고해야 하며, 언제 행동을 개시해야 하는가이다. 물론 어떤 행동이 올바른가 하는 것도 중요하다. 또한 어떤 용기가 이 올바른 행동을 위해 필요한가도 중요하다. 이번 장에서는 바로 이런 주제에 대해서 살펴보도록 하자.

비정직성

이번에는 인문계 고등학교 교사인 R을 예로 들어보겠다. R의 학급 분위기는 얼마 전부터 아주 엉망진창이다. 스물두 명의 학생은 R의 인생을 고역 자체로 만들고 있다. 학생들이 게으르고 영리하지 않아서가 아니다. 영악하고 재빠르며 지나치게 많은 흥미를 가지고 있어 알고 싶어 하는 게 너무 많은 것이 문제였다.

R은 컴퓨터 게임, 서핑, 인터넷, 스포츠, 팝송과 같은 그들의 관심을 전부 채워줄 수 없다. 그저 이러한 상황을 견뎌낼 뿐이지 다른 방법은 없다. 모든 사람의 관심과 욕구를 채워줄 수는 없지 않은가? 정작 힘든 것은 사실 열여덟 살 학생들이 서로 연합하여 자신들의 요구를 포기하지 않는다는 것이다.

교실이 웅성거린다. 수업 중에도 자기들끼리 떠들기 일쑤다. R은 조용히 할 것을 요구한다. 하지만 몇 분 후면 다시 각자의 이야기를 하느라 정신이 없다. 이런 날이 반복되어 한 시간 수업을 제대로 진행하기가 어렵다. 수업 시작되고 10분이 지나도록 지각하는 학생들이 계속 늘어났다. 지각 이유도 참 여러 가지다. '지하철이 늦게 왔다.' '자전거 바퀴가 바람이 빠졌다.' '엄마가 늦잠을 자서 깨워주지 않았다.' '집에 과제물을 놓고 왔다.' '아파서 과제를 못했다.' 항시 누군가 결석을 하거나, 더러는 여러 명이 한꺼번에 결석하기도 한다. 매일이 이런 식이다.

R의 문제 원인은 학생들의 태만이 아니다. 바로 그녀 자신이 문제

의 원인이다. 학생들이 그녀의 목소리에 귀 기울이고 따르게 하려면 어떻게 해야 할까? 학생들이 숙제를 해오지 않는 것을 방지하기 위한 방법은 무엇일까? 태만한 학생들로 인하여 수업을 정시에 시작할 수 없는 상황이 자꾸 발생하게 되면 과연 학습 목표에 도달할 수 있을까? 학생들은 저마다 실수를 저지르고 R은 그들을 이해해주고 있는 형편이다. 학생들은 매번 자신들의 행동이 잘못되었다며, 이를 인정하고 반성하고 있지 않은가? 모두 괜찮은 가정에서 제대로 된 교육을 받은 아이들이니 말이다. 이러한 문제는 학교에서 뿐만 아니라 어디에서든 일어날 수 있는 일 아니겠는가?

회사를 예를 들어보면, 직원들은 아무래도 학생들보다는 이성적이고 성숙하다. 별 마찰 없이 협조적인 팀도 있지만 회사 상사들은 R과 똑같은 어려움을 겪게 마련이다. 직원들이 이전의 합의사항을 전혀 지키지 않거나, 지각하거나, 지시한 일을 제대로 하지 않는 경우도 있다. 게다가 일하는 시간에 사적인 일로 시간을 낭비하는 경우도 비일비재하다. 아울러 여기서도 학교에서처럼 태만이 큰 문제이다. 이로써 R의 문제는 리더들 대부분이 접할 수 있는 일반적인 문제라고도 할 수 있다. 이 경우 '팀문화 파괴'라는 문제를 리더의 입장에서 분석해볼 수 있겠다.

R이 겪는 문제를 우리가 대신 고민해보자. 당신이 R을 컨설팅한다고 가정해 보자. R에게 어떤 충고를 해줄 수 있겠는가? 학생들을 좀더 엄하게 대해야 할까? 벌을 줘야 할까? 아니면 학생들의 실수를 점수에 적용하는 방법을 선택할까? 아니면 교장에게 도움을 요청할까?

매번 지금보다 엄격한 규정을 적용해보는 것도 좋다. 예를 들어 지각생에게는 재수업을 받도록 한다. 초등학생도 아닌데 너무 유치한 방법 같기도 하다. 모범생이 어느 날 하루 지각을 했다고 하자. 그럼에도 R이 항상 지각하는 학생들처럼 질책을 한다면 둘론 정당하지 않을 수도 있다. 이에 대해 학생들의 불평도 끊이지 않을 것이다. 과연 언제, 어떻게 이런 상황에 적절하게 대처하는 것이 좋을까?

나의 논제는 이렇다. 두 가지 질문에 대한 답을 당신은 이미 알고 있다. 여기에는 설명을 덧붙여야 한다. 철학을 적용해보자. 장 폴 사르트르(1905-1980)는 저서인 《존재와 비존재》(1943)를 통해 인간 삶의 형성에 대한 구조 동기를 연구했다.

사르트르는 '비정직성' 또는 '자신을 속이는 행위'로 해석할 수 있는 '모배즈 푸아(mauvaise foi)'라는 말을 사용하였다. 많은 사람이 비정직성 속에서 살고 있다. 비정직성이란 우리 스스로가 속이고 속는 대상이라는 말이다. 어떤 사람은 거짓임을 모르고 속는다. 또한 남을 속이는 것은 진실을 알아야 가능한 일이다. 자신을 속이려면 스스로 진실을 알고 있어야 한다. 자신을 속임으로써 결국 그 진실에 눈을 감는 것이다. 물론 이는 역설이다.

사르트르는 비정직성에 대한 심리 구조를 보여주기 위해 몇 가지 예를 제시했는데, 그중 하나가 레스토랑의 종업원이다. 손님들에게 약간은 과장된 행동을 하면서 자신은 종업원 이 외에는 아무것도 아닌 것처럼 행동한다. 처음 보는 남자와 얘기를 나누는 여성은 남자가 자신에게 관심을 보인다고 생각한다. 남자와 얘기를 나누면서 항상 자신이 주목을 받고 있다고 생각한다. 사실은 자신이 그 남자에게 끌리는 것인데도 이를 고백하지 않는다. 비정직성의 핵심은 간단하게 말하자면 총체 중 한 부분만을 진실로 받아들인다는 것이다.

인간은 자신의 행동이나 현재의 모든 조건 중 부분적인 것만 참으로 여기고 나머지는 전혀 못 본 것처럼, 또는 모르는 것처럼 행동한다. 그들은 이러한 부분적 견해와 자신을 동일화시키고 이를 통해 모든 것을 정의한다. "나는 남자의 관심을 받고 있어." "나는 종업원일 뿐이야." 인간은 이 순간 자신의 존재와는 동떨어지게 된다. 인간은 자유롭기 때문에 결정을 하는 것도 물론 자유다. 매순간에 다르게 행동할 수 있고 다른 사람이 될 수도 있으며 자신의 존재를 다른 존재로 바꿔버릴 수도 있다.

이 종업원은 종업원 이외의 다른 존재일 수 있다. 한 가정의 가장일 수도 있고, 테니스 선수일 수도 있고, 오페라를 유난히 좋아하는 사람일 수도 있다. 남자와 사소한 얘기를 나누는 여자는 단순히 남자의 관심을 받는 사람일 뿐만 아니라 다른 존재일 수도 있다. 사르트르는 인간은 특정한 상황에 특정한 방식으로 행동하는 존재이며, 동시에 미래를 설계할 수 있는 존재라고 했다. 인간은 '실제성'을 가지고 있기도 하며 동시에 변하는 존재로서 '초월성'도 가지고 있다. 사르트르는 인간 존재의 구조를 '실제는 이럴 수도, 그렇지 않을 수도 있으며, 자신의 모습이 또한 그 모습이 아닐 수 있다'라는 애매모호한 표현을 사용했다.

이러한 인간에 대한 역설적인 구조는 인간의 비정직성을 설명할 수 있게 해준다. '모배즈 푸아(mauvaise foi)'에서 foi는 이것을 하나의 믿음일 수 있다고 했다. 남자와 잡담을 나누는 여자는 남자의 관심을 받는 사람 이외에 아무것도 아니라고 믿는다. 종업원도 자신 스스로를 종업원 이외에 아무것도 아니라고 생각한다. 믿음은 상호주관적인 사실이 아니라 아주 주관적인, '참이라 여기는' 확신이다.

지식은 다른 사람들에게 알려도 충분할 만큼의 증거가 있어야 한다.

당신이 보고 들을 수 있는 것을 통해 당신은 제대로 된 증거를 댈 수 있으며, 다른 사람들에게도 이는 명백한 내용이 된다. 만약 이러한 증거가 없다면, 당신은 믿고 있는 것일 뿐이다. 믿음이라는 것은 제시할 증거가 없을 뿐인데도 참이라고 여기겠다는 결정이다.

당신이 신을 믿는다는 것은 누구도 이에 대한 증거를 댈 수 없다. 하지만 이것은 실제를 참으로 여기기로 한 당신 나름의 결정이다. 당신은 누군가를 친구라고 믿고 있다. 하지만 그 사람 또한 당신을 친구로 생각하는지는 알 수 없다. 비정직성의 믿음은 증거 이전에 세 단계로 이루어져 있다. 믿음이라는 것은 이것을 정확히 검토할 수 있게 해주는 계기가 된다.

믿음은 특정한 생각 없이 그저 당신 것으로 만들어놓은 해석으로서 당신을 만족시킨다. 한 남자와 이야기를 나누는 여자는 그의 관심을 받고 있을 뿐이지 다른 생각은 없다. 종업원은 종업원일 뿐이지 그 이상도, 이하도 아니다. 많은 사람이 부당함 속에 살고 있다. 총체적인 것은 보지 못한 채 사실의 한 부분만을 받아들인다. 예를 들어 어떤 사람은 자신이 인내심이 많다고 생각한다. 그로써 자기 내면에 실제로 존재하는 인내심이 없는 성향은 그대로 간과해버린다.

예를 들어 아내나 친구들에게서 마음에 들지 않는 부분에 대해 화를 내며 자기 감정의 자유를 누린다. 스스로 인내심이 많다고 생각하면서 인내심을 잃을 수 있다. 당신의 가족이나 친구들 중에도 이런 사람이 있을 것이다. 그들은 자신에 대한 진정함이 없는 사람들이다. 그들은 그들 스스로 자신들이 보이는 그 모습이 전부가 아님을 알고 있다. 당신도 가면을 썼는가? 스스로 꾸미고 있는가? 당신을 정말 잘 아는 사람은 당신에 대해 뭐라고 말하는가? 이와 함께 아주 중요한 질문이 하나 있다. 정직하게 산다는 것은 무엇일까? 사르트르는 이 질문에 대해 하나의 답변을 가정하고 있다. 자신의 비정직성에 대한 분석은 극단적으로 이 문제를 피해갈 수 있다는 의미가 아니라고 했다. 하지만 사람들은 이를 '진실성'이라고 부르고, 진실성에 대한 설명과 무관한 '혼합된 자신'을 전제한다고 했다. 그렇다면 이 비정직성은 무엇과 관련되는 것일까?

이 문제는 다른 사람과의 태도와도 관련되기 때문에 사르트르는 이를 도덕의 관점에서 답변했다. 비정직성은 두 가지 시각에서 바라볼 수 있다. 다른 사람의 눈을 통한 시각과 자신의 눈을 통한 시각이다. 종업원은 손님을 대할 때 자신이 종업원이라는 존재임을 보여주고자 하며 그 밖에 자신이 어떤 존재인지는 숨기고 있다. 남자와 이야기를 나누는 여자는 그에 대한 열정을 우아한 태도로 숨기고 있다.

사르트르의 '진실성'은 하이데거의 '본질성'이라는 말과 상통한다. (1장 비교) 사르트르는 진실성과 관련하여 하이데거가 표현했던 '본질성'이라는 말에 의존하고 있다. 이것은 과연 무엇을 의미하는 걸까? '부패한 자기 존재의 전달'이라는 말은 무슨 뜻일까? 사르트르는 이 말만 우리에게 던져주고 아무런 설명이 없다. 그래서 내가 대신 그의 말을 해석해보고자 한다. '진실성을 위해서는 자신에 대한 인식을 그대로 확정해서는 안 되며, 존재의 동기를 정의해서도 안 된다.' 자신에 대해 스스로 정의 내리는 것은 자신의 존재에 대한 전체적인 통합성을 무시하는 행위이다.

진실성이란 가장 쉽게 표현했을 때, 연극을 하지 않는다는 뜻이다. 특정한 역할을 자신에게 부여하면서 스스로 정직하지 못한 정의를 내린다. 자신은 자기 역할이기보다는 자기 자신이어야 한다. 부패한 존재란 자신이 자기 역할을 선택하면서, 스스로 버리고 무시한 진정한 자신의 모습이다. 짜증스러운 자기 감정, 자신이 보여주기를 싫어하는 동요, 자신이 받아들이고 싶지 않은 희망, 이런 것이 모두 '부패한 존재'에 속한다. 진실성은 자신에 대한 명백한 인식을 말한다.

자신에 대해 제대로 인식하려면 불편하고 인정하고 싶지 않아서 구석으로 몰아놓은 자기 자신을 다시 제자리르 가져와야 한다. 그렇지 않으면 이를 지속적으로 무시하고 보지 못한 채, 결국 자신이 정의한 역할 속에 머물러 있게 된다. 그래서 사르트르는 이렇게 말했다. "사람은 잠에 빠진 듯 비정직성에서 벗어나지 못하고, 사람은 꿈을 꾸듯이 비정직성에서 헤매고 있다."

인간은 정직하지 않기 때문에 정직해지기 위해 노력해야 한다. 이는 인간이 누리고 있는 현 상태가 아니라 도달해야 할 목표이다. 사르트르의 이 이론이 상당히 강력하게 느껴질 것이다. 그는 매우 엄격하면서도 도덕적인 논증을 펴고 있다. 특정한 경우에는 예외가 있지 않느냐는 항변이 그의 귀엔 먹히지 않은 것 같기도 하다. 그는 인간의 자유를 가정하면서, 자신의 논증적 결과로 이끌어가고 있다. 만약 인간에게 자유가 전혀 없다면, 사르트르의 논리는 모래성처럼 무너질 수 있다. 사르트르의 논증을 R에 적용시켜 보자. 자유와 관련된 토론은 차후에 계속하도록 하겠다.

용기, 눈치 보지 않는 행동

인문계 고등학교 교사 R의 상황을 다시 살펴보자. 그는 비정직하다. 그녀는 두 가지 역할에서 방황하고 있다. 엄격한 선생님이 되어 부적절한 행동을 하는 학생들에게 벌을 줘야 한다.

자신의 수업에 필요한 조건을 제시하고, 자신이 설정한 학습 조건의 질을 보증할 수 있어야 한다. 자신의 업무에 대해 스스로 필요한 것이 무엇인지에 고민해야 한다. 그녀는 자신의 과제를 훌륭하게 수행하고 좋은 선생님이 되어야 한다. 이렇게 본다면 선생님 또는 리더는 참으로 불편한 역할인 것 같다. R이라는 존재가 자신의 문제점을 덮어두고 학생들에게 친구처럼 사랑스러운 선생님, 인간적인 파트너라고 정의한다면 교사로서의 과제를 충족시킬 수 없다. 기본적으로 두 가지 역할 사이에는 모순이 존재한다. 그녀 또한 자기 역할에서 훌륭한 교사와 친구처럼 편한 선생님 두 가지 모두를 이룰 수 없다는 것을 분명히 알고 있다.

하지만 그녀는 현재 상황에서 자신은 학생들에게 친구 같은 선생님이라고 믿고 있다. 그녀는 자신의 믿음에서 벗어나지 못하기 때문에 비정직하다고 볼 수 있다. 회사의 리더 대부분은 직원들에게 좋은 파트너이기를 원한다. 그러나 시간이 지나면 이러한 전제가 큰 갈등을 빚을 수 있다는 사실을 직접 경험하면서 배운다. R이 이러한 역설적인 상황에서 벗어나려면 용기가 필요하다. 또한 이 용기를 내기 위해서는 스스로 사고해야 한다. 자신의 갈등을 스스로 인식할 수 있어야 한다. 그 무엇보다도 깊이 생각하고 행동할 수 있는 용기를 가져야 할 것이다.

과연 이 용기는 어디에 있는 것일까? 이를 알아내기 위한 기본 질문이 있다. 무엇에 대한 두려움이 느껴지는가? 답은 아주 간단하다. 엄격한 권위적 인물이 되면 학생들의 사랑을 받지 못할 것이라는 두려움이다. 벌을 주면 학생들의 저항을 받게 될 것이다. 분명한 규정을 만들고 이를 가차 없이 적용한다면 학생들은 그녀를 싫어하고 욕할 것이다.

이해성이 부족하다, 융통성이 없다, 정당하지 못하다는 여론이 일 것이다. 물론 그럴 수 있다는 것을 R은 알고 있다. 그녀가 행동을 바꾸면 학급에서 이런저런 비판이 나올 것이다. 그동안 친구처럼 문제를 좋게좋게 해결하던, 이해심 많고 인간적인 선생님에 대한 평판이 완전히 뒤집어질 게 뻔하다.

자신에 대한 부정적인 평판 또는 거부감은 두려움을 자극한다. 앞서 보여줬듯이 우리를 깎아내리는 평판이나 비난은 견디기가 무척 어렵다. 그러나 다시금 강조하건대, 다른 사람의 판단을 극복하는 것이 바로 용기이다. 남에게 무시당하지 않고 인정받고자 하는 근본적인 그리고 자연스러운 욕망을 거부하면 된다. 우리는 인정받고자 하는 욕심을 포기해야 한다. 이는 리더들이 쉽게 겪는 상황이다. 남들에게 미움을 받을지도 모르는 행동을 결정하는 용기, 즉 인정받는 길을 포기하는 것은 파트너 같은 상사가 되는 목표와 모순된다. 정말 중요한 것은 말이 아니라 행위이다.

기업들이 전략과 기획을 통해 직원들의 독립적인 사고를 차단하는 경우 그에 항의하는 직원들의 용기가 필요하다. 젊은 기업인 L은 부모님의 사업에 대한 해석과 평가에 대해 항변하며 자신의 의견을 피력할 줄 아는 용기가 필요했다. 주변의 비난을 무릅쓴 행동은 자신의 고집을 보여주는 것이다. R이 갖춰야 할 것이 바로 이 고집이다. R이 시종일관 자신의 결정을 밀어붙인다면 자신을 힘들게 만들었던 문제는 아주 쉽게 해결되었을 것이다. 규정을 만들고 학생들이 이를 무시할 경우 재차 요구해야 하며, 요구사항이 지켜질 수 있도록 이끄는 고집이 필요하다. 요구사항이 충족되지 않을 때 벌을 주거나 성적표의 점수를 차감하는 것도 좋은 방법이다.

남의 비위를 맞추지 않는 행동을 위한 용기란 사자처럼 이를 드러내며 으르렁대는 행위와 같다. 첫 장에서 보여준 상사의 문제 직원에 대한 행동은 적절할 수도 있다. 요구사항을 분명하게 정의하고 제대로 이행되지 않았을 경우 그에 대한 대가가 무엇인지 보여주어야 한다. 이로써 충분할 수도 있겠지만 그렇지 못할 때는 위협도 불사한다. 용감한 행위는 학교에서만 적용되는 게 아니라 회사에서도 마찬가지다. 용기 있게 행동하는 것이 대단한 결정을 필요로 하지 않는다는 점을 명심하라. 더러는 오해를 풀 수 있는 분명한 대화만으로도 충분할 수 있다. 자신에 대한 부정적인 판단을 받아들일 수 있는 준비가 되어 있거나, 인정받지 못하더라도 그 사실을 그대로 받아들일 수 있는지에 따라 결과가 좌우된다는 점을 기억하라. 대화도 행위이다. 용감한 행동인지 아닌지는 대화를 통해 증명될 것이다.

이로써 이번 장의 도입에서 제시된 질문에 대한 답변이 된 것 같다. 물론 언제 어떻게 자신의 생각을 행동으로 옮기느냐에 대한 구체적인 답변은 아니지만 말이다. 원칙은 항상 적용되지만 안타깝게도 간단한 처방은 없다. 자신의 개인적인 가치나 요구사항을 덮어두고 있는 상황, 즉 모순에 처한 상황, 사르트르가 말하는 자신의 비정직함 속에서 벗어나오지 못하는 그 상황이 벌어지면 미루지 말고 바로 행동을 취하도록 하자.

물론 쉽지 않다. 용기가 필요한 시점이 되었다는 것을 알아차리지 못할 만큼 인간은 비정직성 속에 살고 있다. 사르트르가 예로 든 종업원에게 이렇게 말해야 한다. "용기를 가져라. 종업원인 것처럼 연극하지 말라!"

항상 어쩔 수 없는 상황이 있게 마련이다. R이나 L의 경우 그리고 A의 경우 자신들의 비정직성을 통해 그들이 충족시키지 못했던 과제들과 다시금 정면으로 마주치게 된다. R의 경우 계속 자신의 역할에서 방황하고 학생들 비위만 맞춘다면 자신의 과제를 제대로 수행하지 못할 것이다. L의 경우 부모님의 의견이 자신에게 적절하지 못하다는 것을 말하지 못한다면 기업인으로서 자신의 길을 계속 가기는 어려울 것 같다. A의 경우 문제 직원들에게 자신의 입장을 제대로 고수하지 못한다면 리더의 과제를 성취하기 어려울 것이다.

당신도 이와 비슷한 경험을 해봤을 것이다. 기억을 더듬어보자. 어떤 용감한 행동이 딜레마에서 벗어날 수 있게 해줬는가? 비정직성은 리더십 발휘 자체를 불가능하게 만든다. 중요한 것은 행동을 개시하는 것임을 명심하라. 이때 대화는 아무 생각 없이 취하는 행동이 아니라 자신의 갈등을 분명하게 인식하고 스스로 사고하면서 결정한 행동이다. R은 규칙을 정의하고 이를 꿋꿋하게 밀고나가야 할 것이다.

젊은 기업인 L은 부모님 회사를 떠날 수도 있다는 암시를 하고 이를 위한 준비 작업에 들어가야 한다. A는 문제 직원에게 한계를 제시하고 이를 존중하지 않을 경우 해고할 수도 있음을 알려야 한다. 나는 R이 언제 어떻게 행동해야 하는지 스스로 알고 있다고 주장했다. 그 이유는 비정직성의 구조에 있다. 스스로 거짓된 행동을 하는 사람은 스스로 진실을 알고 있다. 스스로 속이는 것은 내적 진실 앞에서 눈을 감고 있는 동안만 가능한 일이다. 이 부분은 감정과 관련돼 있다. 막스 프리쉬(Max Frisch)는 그의 저서에서 다음과 같은 질문을 한 적이 있다. "당신의 자아 비판이 설득력이 있다고 봅니까?"

이 질문에 대한 답변은 우리가 비정직성 속에서 살고 있는지 그렇지 않은지 또는 어떠한 방식으로 우리가 비정직성 속에 살고 있는지에 대한 답변일 것이다. R의 상황은 신호를 보내고 있었다. 그녀는 이러한 상황이 적절치 않음을 이미 알고 있었다. 그래서 분노가 치밀어 오른다. 눈을 뜬다는 것은 이러한 감정을 덮어둘 게 아니라, 심각하게 받아들이고 갈등 상황을 한 번 더 인식하고 생각해보는 것이다.

R은 자신이 모순 속에 있다는 것을 알기 때문에 행동으로 자신을 해방시킬 수 있다는 점도 알고 있다. 한편 정확하게 어떤 행동을 해야 하는지는 모를 수도 있다. 어쨌든 자신이 정직하지 못하다는 것을 깨닫고 여기에서 탈피하고자 할 때 적절한 해결책을 찾아낼 수 있다. 이를 위해 고민하고 자신이 신뢰하는 사람과 대화를 시도해보는 것도 좋다. 이때 행동이 결정되고, 스스로 이 행동이 남들의 미움을 살 수 있는 것이라고 느껴질 때 그녀의 직관은 용기가 필요하다고 말할 것이다.

올바른 방향 정립을 위한 용기

이로써 R이 해야 할 일이 끝난 게 아니다. 학생들에게 엄격한 모습을 보여주는 것 대신에 학교를 떠나는 것도 한 가지 방법이 될 수 있다. 어쩌면 R은 자신의 인생을 위해 적절한 직업을 선택한 게 아닐 수도 있다. 우리가 서 있는 이곳은 우연이 아니다. 이는 우리의 결정에 대한 결과이다. 사르트르는 섬세하고 분명하게 우리의 인생이 형성된 구조를 분석했다. 그는 인간이 자신의 존재를 스스로 결정할 수 있다고 보았다. 동물이나 식물, 생명이 없는 물건들은 자신들의 존재를 스스로 변화시킬 수 없지만 인간은 다르다. 인간에게는 욕구나 희망에 따라 사회적 한계 속에서도 자신의 존재를 변화시킬 수 있는 자유가 있다.

인간은 규정된 존재가 아니다. 스스로 자신의 삶을 설계하고, 자신이 하는 일까지 모든 결정을 스스로 내릴 수 있다. 즉, 스스로 자기 자신을 정의할 수 있다. 이는 현대 사회에서 이미 사라져버리고 없는, 옛날에는 당연시되어 왔던 종교, 정치적 규정을 통한 인간상에 더 가까운 것 같기도 하다. 이에 대해서는 아주 극단적인 공식이 존재한다.

인간은 세상에 내팽개쳐진 존재이다. "인간은 처음에 아무것도 아니었지만 자신이 원하는 방향으로 자신을 구축한다." "인간은 자신이 스스로 원하는 그 존재 이외에는 아무것도 아니다." "인간은 자유 그 자체이다." "인간은 석방된 존재이다."

사르트르는 인간이 자신을 위해 선택했던 인생 설계가 의식적인 결정이 아니거나, 부분에 대한 의식적인 결정일 수도 있다고 강조했다. 사람은 항시 매순간의 행동에 대해 반응하면서 인생을 결정하게 된다.

우리의 인생 설계는 우리의 행동을 통해 만들어진다. 의식적이거나, 계획적이거나 더러는 생각 없이 눈 먼 상태에서 이끌려가고 있다. 이러한 방식으로 우리 삶이 형성된다. 모든 인간이 다 그렇다. 범죄자 역시 자신이 범죄자이길 계획하지 않고서도 범죄자가 될 수 있다. 행동은 그저 미끄러지듯이 행해진다. 사르트르는 우리의 열정이 직접적인 책임을 갖는다고 말했다. 우리가 어떤 행위이 열정을 제공하면, 우리는 결국 그것을 선택한 셈이 된다.

우리가 하고 있는 모든 것에 우리는 직접적인 책임이 있다. 인생도 마찬가지다. 우리의 인생은 우리의 존재를 정의한다. 이로써 인간으로서 우리의 콘셉트가 결정된다. 우리가 존재하는 한 우리는 인간이라는 존재로 정의된다. 사르트르는 하나의 특정한 인생을 살아가면서 또 다른 무엇인가를 구하기는 어렵다고 말한다.

나는 인간의 존재가 나에게 어떤 의미를 갖는지를, 내가 존재하는 것으로 확인할 수 있다. 다시 말해 인간으로서의 존재가 어떤 의미를 갖는지 확인할 수 있다.

R에게는 존재한다는 것이 무엇을 의미할까? 그녀는 학교에서 교사로서 일하는 것을 스스로 선택했다. 자신이 전공한 과목의 교사로서 일하는 것은 스스로 선택하여 만든 인생 설계이다. 하지만 인생 설계는 아직 끝나지 않았다. R도 우리 모두처럼 계속적으로 미래를 계획하고 있다. 그래서 굳이 현재의 직장을 끝까지 고수할 필요도 없다. 그녀는 자기 인생의 방향을 새롭게 설계해도 된다. 게다가 마흔 살쯤 되는 나이에 자신이 원했던 것을 모두 이루었다. 모범적인 교사라는 직업을 선택했으며 박사학위도 땄다. 자기 전공에서도 훌륭한 성과를 보였고, 이로써 학교에서 일할 수 있었다. 앞으로 25년 동안을 지금까지 해왔던 일을 끝까지 해야 할 필요는 없다.

앞으로 교사 활동은 전공 내용보다는 인간관계가 더 중요할 수 있다. 이제까지와 똑같을 수 없다. 하지만 R은 현재 스스로 만족하는 삶을 살고 있지 않기 때문에 앞으로의 인생 설계에 대해 생각해볼 수 있는 기회를 갖게 된다. R은 학교 경영 쪽으로 관심을 돌려도 좋을 것이다. 그렇게 되면 자신의 리더 과제에는 상당한 변화가 있을 것이다. 다른 교육 기관에서 성인을 교육할 수 있는 다른 교사직을 찾아도 좋을 것이다.

인사부 교육 업무를 맡는 것도 괜찮다. 그녀의 전공은 어느 정도 융통성이 있어서 인사부에서 인사 교육 과제를 맡는 것도 좋지 않을까? 개인 회사의 고문으로 일할 수도 있고, 외국에 나가서 공부를 좀더 하는 방법도 있다. R은 자신이 생각하는 것보다 훨씬 더 자유로운 존재이다. 그녀의 자유는 용기를 필요로 한다. 새로운 결정을 위해 그리고 자기비판과 자신에 대한 판단을 극복하기 위해 용기가 필요하다. 또한 아직 경험도 없이 다른 직장에 도전하기 위해서는 용기가 필요하다. 아울러 안전한 직장을 찾거나 독립하기 위해서도 용기가 필요하다.

어쨌든 그녀가 당장 해야 하는 일은 앞으로의 인생 설계에 착수하는 것이다. 이는 그녀만을 위한 충고가 아니다. 리더 역할을 하는 사람은 자신만을 위한 인생 설계뿐 아니라 갑작스러운 인사 결정을 받아들이기도 해야 하고, 자기 분야에 지속적으로 머물면서 또는 자리를 옮기는 것을 결정하면서 자신만의 리더 개념을 만들어야 한다.

이때 어떤 방법이 옳고 그릇됨을 판단하는 것은 필요치 않다. 또한 이 모든 결정을 하는 데 두려움이 관여하는지에, 그리고 용기가 필요한지에 대해 이야기하는 것도 무의미하다. 용기는 인간이 자신의 인생을 설계하는 데 붓 역할을 한다.

당신은 자신이 인식하든 그렇지 않든 또는 원하든 원하지 않든, 각자 인생에 대한 방향성을 가지고 있다. 당신은 당신 인생이 우연으로 만들어졌다고 생각하는가? 만약 그렇다면 자신의 결정이 아닌 우연이라는 동기가 적용된다. 물론 우연인 경우도 있다. 하지만 우연에 반응하도록 하는 것은 우리의 결정이다. 어떤 기회를 잡고, 어떤 기회를 사용하거나 포기하는 것은 자신의 결정이다. 운명적인 것은 스스로 선택하는 게 아니라 어쩔 수 없이 자신 앞에 나타난 운명과 타협한 것일 뿐이다.

나의 설명이 무자비할 수밖에 없어 참으로 유감이다. 사르트르는 자신과 독자에게 매우 엄격하다. 사르트르를 기준으로 우리는 함께 인문계 고등학교 교사의 미래에 대해 엄격하게 다루어봤고 이를 통해 인간의 자유는 항상 모든 결정의 전제가 됨을 알 수 있었다. 행위의 옳고 그름에 대해서는 7장에서 다시 살펴보도록 하겠다.

"인간은 정말 자유로운가?" 스스로에게 질문해보라. 이 질문에 대해 긍정적인 답을 할 수 있다거나, 어떤 방식으로 우리가 자유로운지를 안다면, 우리는 사르트르의 공격적인 주장을 거부할 수 없게 된다. 우리는 우리 인생에 대해서 100퍼센트 책임이 있다. 사르트르는 이것을 두 가지 방식으로 설명하고 있다. 우선 우리, 즉 당신과 나 모두를 포함한 우리는 자유에 대한 직관적인 경험이 있다. 우리는 우리가 자유로운 구조 안에서 행동하고 남의 강요에 의해 조정당하는 경우를 인식할 줄 안다. 두 번째로 사르트르는 다른 철학적 도구를 사용한다. R의 상황과 R의 인생을 분석하면 사르트르의 철학적 도구를 이해하는 데 도움이 될 것이다. 아마 당신도 이미 알아차렸듯이 인생을 자신의 삶을 스스로 설계하는 대상의 총체로서 이해해야 할 것이다.

광채를 발하는 용기

나는 이 책을 통해 리더들에게 용기 있는 생각과 행동을 요구하고 있다. 용기가 리더의 필수 미덕이라면 용기를 통해 다른 사람을 자기 사람으로 만들 수 있어야 할 것이다. 만약 이것이 불가능하다면 리더는 미덕을 갖춘 사람이되 사람을 리드하는 역할과는 거리가 멀어진다.

'리더십'이라는 용어를 인성을 기초로 한 다른 사람에게 영향을 주는 역할로 이해한다면 제대로 이해했다고 볼 수 있다. 우리가 미덕을 기준으로 리더십이라는 개념을 이해한다면 리더에게 중요한 것은 사람의 인격이다. 즉, 용기는 리더들에게 사람을 얻게 해주는 좋은 방편이고 어떻게 사람을 얻을 수 있는지에 대한 좋은 설명도 된다.

과연 용기 있는 생각과 행동이 남을 지도하는 데 실질적인 도움이 될까? 용기는 정말 리더 역할에 도움이 될까? 과연 용기는 다른 사람들에게 어떤 영향을 줄까?

두 가지의 관점으로 볼 수 있다. 세상을 움직였지만 세상으로부터 버림받은 리더가 있다. 바로 대철학가 소크라테스이다. 그는 자유로운 생각과 곧은 행동으로 아테네 젊은 인재들의 리더상이 되었다. 피할 수 있는 상황이었음에도 국가의 재판을 받았고 사형에 처해졌다. 마하트마 간디도 수백만 명이 추종했던 리더였으며, 그를 통해 폭력 없이 인도가 독립하였다. 소크라테스와 간디 모두 자신의 목숨을 걸었고, 다른 사람들을 승리로 이끌었다. 어쨌든 세상에 이름을 떨친 리더들은 세상을 움직이기도 했고 세상을 등지기도 했다. 용감한 리더상은 세상에서 사라지기도 하고 세상에서 승리하기도 했다.

이러한 사실을 통해 간단한 진실을 알아차릴 수 있다. 남의 눈치를 보지 않고 행동하는 용기는 자신을 위험에 처하게 할 수도 있다. 세력의 관계를 잘못 이해하거나 결정자의 이성을 제대로 추측하지 못하고, 르상티망(ressentiment-원한, 복수감을 뜻한다-역주)에 젖어 판단하면, 자신이 두려워했던 요소는 정말 실제가 될 수 있다. 이로 인해 목숨마저 위험에 처할 수 있다. 이것이 바로 큰 세력에 맞서는 용기 있는 리더의 양면성이다. 용기는 강력한 힘을 발휘하고, 인간을 움직일 수 있다.

소크라테스와 간디 같은 위대한 리더에게 용기 있는 생각과 행동은 그들 카리스마의 핵심이다. 리더의 필수 미덕으로서 용기의 역할은 이미 증명되었다. A의 예에서도 마찬가지로 문제 직원에게 한계를 제시하고 이를 통해 다른 직원들과 스스로에게도 인내의 한계를 제시하면서 존경을 얻을 수 있었다.

직원들은 자신의 상사에 대해 분노를 표출하고 미워할 수도 있지만 결국은 존중할 수밖에 없다. 젊은 기업인 L의 경우 용기를 통해 자신의 의견을 부모님에게 피력함으로써 미움을 받을 수도 있다. 어쩌면 가족에게서 왕따를 당할 수도 있다. 그러나 새로운 회사를 설립하면 자신의 직원들은 그를 따를 것이다.

R의 경우 확신에 찬 모습으로 학생들에게서 신뢰를 얻을 수 있다. 물론 처음에야 학생들에게서 불평불만이 쏟아져 나올 테지만 말이다. 그러나 결국은 엄격한 모습을 통해 학생들에게서 존경을 받게 된다.

내 경험을 통해 봤을 때 리더가 자신의 세력과 권위를 이용하는 것보다는 인성을 통해 용기 있는 행동을 할 때 진정으로 존중을 받는다. 이는 심리학적으로도 일리가 있다. 대부분의 사람에게는 상대의 용기를 느끼는 감각이 있다.

상대가 용기 있게 행동할 경우 우리는 대부분 그 행동을 더 쉽게 인정한다. 우리는 상대의 입장에 서서 그가 두려움을 느낄 수도 있겠다고 생각하지만, 그는 두려움이 없는 것처럼 보인다. 그로써 상대가 두려움을 느끼지만 극복했다고 생각할 것이다. 우리의 직감은 우리가 해야 할 그 무언가를 용기 있는 그 사람이 하고 있다는 사실을 안다.

요컨대 우리는 우리의 눈을 통해 알 수 있는 그의 용기 있는 행동에 가치를 부여한다. 용기 있는 자는 우리에게 자신이 하는 행동에 대해 약속한다는 점을 암시한다. 이는 곧 리더 역할에 필요한 능력이다. 이를 통해 용기 있는 행동을 보여주는 사람을 정의할 수 있다. 그의 행동은 존경심을 유발한다. 용기는 눈에 보이고 광채를 발한다.

용기 있는 리더의 역할은 어느 특정한 세력 관계에서 움직이고, 더러는 악의적 영향력 속에 존재하기도 한다. 더러는 바보스럽고, 고집스러운 경우가 많기 때문에 용기 있는 행동을 위해서는 무엇보다도 신중함이 필요하다. 이성적인 사고 없이 무작정 용기 있는 행동을 한다고 나서는 경우 한순간에 모든 것이 망가질 수 있다.

용기라는 미덕은 항상 이성과 함께해야 한다. 그렇지 않으면 곧 재앙으로 치달을 수도 있다. 모든 미덕은 두 가지 극단적인 것의 바로 중간점이라고 했던 아리스토텔레스의 정의가 기억나는가? 이러한 관점에서 무모한 행동은 용기가 아니다.

1　용기 있는 행동이란 사고의 결론이다. 스스로 생각할 줄 아는 사람은 용기 있게 행동할 수 있다.

2　용기 있는 행동은 그리 대단한 게 아니다. 말이 아닌 행동이 중요하다. 그것이 실패로 결론 나든, 용감한 행동으로 결론 나든지 간에 말이다.

3　언제, 어떤 행위가 필요한가에 대한 규정은 없다. 하지만 자신의 비정직성으로 인해 삶이 자신이 생각하는 기준을 만족시키지 못한다면, 바로 행동을 개시해야 할 때이다.

4　자신에 대해 남들이 비판할지도 모른다는 두려움이 가장 크다. 이 두려움을 극복하는 용기를 갖자.

5　용기 있는 생각과 행동은 힘과 권력을 가진 자에게 대항하는 동기가 될 수도 있어 위험에 처할지도 모른다. 그러나 그런 리더를 따르는 사람들은 그의 용기 있는 행동을 직시하고 자연스레 그를 존중한다. 훌륭한 리더는 광채를 발한다.

6　한 리더가 구체적인 행동을 통해 설계하는 리더십 방향은 자기 인생 설계의 한 부분이 된다. 이와 동시에 인간의 존재로 정의된다.

5

삶을 살아갈 때 필요한 용기

직업
돈
시간

5 삶을 살아갈 때 필요한 용기

"인간은 자신이 스스로 창조한 것 이외에는 아무것도 아니다." 즉 인간이라는 존재는 스스로 창조한 모습 그만큼일 뿐, 그 이상도 이하도 아니라는 사르트르의 사고는 극단적으로 들리기까지 한다. 우리는 원하는 만큼 자기 인생을 만들어나가는 데 그리 자유로운 존재는 아니다. 특히 조직 내에서 책임을 가지고 있는 사람들은 그들에게 부여된 역할 규정을 따라야 한다. 한 기업에서 직원들을 이끌어가는 과제를 가진 사람들은 목표와 전략 그리고 기업의 문화를 모두 감안해야 한다.

의사, 교사, 특정 분야 전문가 또는 기업인이나 중대한 책임을 가진 사람은 이에 대한 적절한 시간과 능력, 성과를 위한 조건을 갖춰야 한다. 그렇지 않다면 자신의 역할을 제대로 수행할 수 없다. 책임과 영향력 그리고 봉급이라는 보상에 대해 시간, 일, 적응하려는 노력을 감수해야 한다. 리더들 대부분은 인생을 설계함에 있어 자신의 중요한 무엇인가를 희생하면서 현재의 지위와 역할을 얻어냈다.

과연 이러한 희생이 얼마나 의미가 있을까? 자신의 지위를 위해 가족, 사랑, 자유시간, 취미와 같은 개인적인 욕구를 얼마나 포기해야 하는 것일까? 도전적인 과제, 특히 리더 역할과 지위는 과연 진정한 의미에서의 인생을 실현시켜줄 수 있는 것일까? 어떻게 삶과 일 사이에서 균형을 찾을 수 있을까? 인생 설계에 대한 사고는 근본적인 질문인 "의미 있는 인생을 누리고 있는가?"라는 물음과 직결된다.

이번 장에서는 우리는 일의 역할, 돈, 인생의 설계 그리고 시간에 대해 살펴보도록 하겠다. 리더인 당신에게 답하기 어려운 질문을 하나 던지겠다. 당신의 일은 인생에서 얼마나 중요한 부분을 차지하는가? 도대체 얼마나 많은 돈을 벌어야 하는가? 당신은 시간을 어떤 방식으로 관리하고 있는가?

이 세 가지 질문을 자신에게 던져보자. 이 질문과 관련하여 분명한 답을 할 수 있는지 고민해보라. 만약 답이 쉽게 떠오른다면 당신은 지금껏 자신의 인생에 대해 고민하며 살아온 사람일 것이다. 만약 그렇지 않다면? 이번을 좋은 기회로 삼자.

답하기 어려운 질문은 대부분 인생과 관련된 것으로 철학적 사색을 하게 만든다. 일과 돈 그리고 시간이라는 주제에서 철학적 전통과의 관련성을 찾게 된다면, 의미 있는 인생 설계를 위한 실용적 철학과 연관시킬 수 있고 우리의 주제인 용기와 리더의 역할과도 관련시킬 수 있다. 실제로 직업, 돈, 시간은 용기와 상당한 관련이 있고 리더 역할에도 상당한 영향을 준다. 이번 장에서는 이러한 관련성을 살펴보도록 하겠다.

직업

M은 대기업에서 고객 상담을 맡고 있다. 그의 팀원들은 모두 재능 있고 부지런하다. 직원의 업무 성과 또한 매우 훌륭하며 관리하는 고객도 크게 증가했다. 즉, 일인당 업무량과 성과가 크게 성장했다. M은 이런 분위기에서 일하는 게 행복하다. 그의 직원들은 창조적이며 열심히 일하고 있다. 팀워크도 좋고 고객과의 상담 업무 또한 매우 즐겁다.

그런데 고객이 증가했음에도 회사가 직원 수를 늘려주지 않고 있다. 고객 친절이란 목표를 유념하며 직원들은 아침 일찍부터 저녁 늦게까지 일해야 한다. 업무량이 많아진 것이다. 물론 책임자인 M의 경우는 더하다.

하루 종일 고객 상담과 회의가 이어지고, 그 외 업무는 시간을 따로 내서 할 수밖에 없다. 저녁 회식도 잦고, 저녁에만 통화가 가능한 고객과 상담을 하려면 늦게까지 사무실에서 기다려야 한다. 더러는 고객을 위한 문화 행사에도 참여해야 한다.

M은 굉장히 지쳐 있다. 아내와 두 아이를 둔 가장인 M은 주말이나 되어야 그들을 위해 잠시 시간을 낼 수 있다. 파트타임으로 일하는 아내는 남편이 가족을 위해 좀더 여유로운 시간을 내주길 바란다. 사이클링이 취미인 M은 지난 몇 년간 자전거를 타지 못했다. M은 곧 40대에 들어서고, 육체적으로나 정신적으로 한계를 느낀다. 과다한 업무로 생활의 균형이 깨지고, 삶에 무엇인가가 부족하다고 느끼고 있다. M은 딜레마에 빠진 상태이다. 일은 즐겁다. 그에겐 의미 있는 직장이다. 그러나 그 외의 인생에 중요한 나머지 것들은 덮어둔 상태다. 아내와 아이들과 함께 지내는 시간, 삶을 즐기는 시간처럼 인생을 풍요롭게

만들어줄 수 있는 모든 것은 옆으로 제쳐 둔 채, 직장에 모든 것을 걸고 있다.

그렇다면 이제부터 규정된 업무 시간만 일하고 나머지 일은 다른 직원에게 위임하거나, 추가되는 업무를 거부해야 할까? 이러한 결정은 그에게 정말 쉽지 않다. M은 천성적으로 완벽한 것을 좋아한다. 자신의 업무를 80%로 줄이면, 회사에 구조적 문제가 발생할 것은 당연한 일이다. 결국 이때 생겨나는 문제는 자신이 책임져야 할지도 모른다. 그런 경우 조건이 더 나은 회사로 옮겨야 한단 말인가?

이러한 문제를 겪고 있는 사람은 M뿐만이 아니다. 당신도 지금 이런 상황에 처해 있을지도 모르겠다. M이 현재 겪고 있는 문제는 책임이 큰 직책을 맡은 사람들이나 가정과 직장 모두를 포기하지 못하는 도전적인 여성들에게서 자주 나타난다. 물론 경제적인 이유도 있을 것이다. 하지만 경제적인 이유만으로 불만족스러운 상태를 지속해나가야만 한다는 것은 무리가 있다. 직장과 삶을 모두 유익하게 하려면 이러한 딜레마를 극복할 방법을 찾아야 한다.

매번 그렇듯 간단한 처방은 없다. 좋은 충고 대신 기본적인 것들을 상세히 살펴봐야 한다. 훌륭한 직장이 성공적인 인생과 어떤 관련이 있을까? 이러한 질문에 대해 깊이 사고해본 적이 있는가? 아마 상반되는 감정이 떠오를 것이다. 직장은 의미 있는 인생에 중요한 기여를 할 수도 있으나, 다른 한편으로는 인생을 방해할 수도 있다.

고대, 중세 그리고 현대 모든 시대에서 육체적인 일은 노력과 고통 두 가지 모두를 수반한다. 아담과 이브가 천국에서 쫓겨날 때 신에게서 '일'이라는 벌을 받지 않았던가.

"땀이 흐르는 얼굴로 빵을 먹으라."

어원학에서 볼 때 노동은 매우 부정적인 의미가 있다. 후기 중세시대에는 노동이라는 'arebeit'라는 말은 '노고', '고난', '불가피함'을 의미했다. 영어에서 'labour'와 이태리어로 'lavoro'는 라틴어 'labor'에서 유래했는데, 이는 노동만 의미하는 게 아니라 '노고', '혹사', '과로', '고통', '불가피함'을 뜻한다.

아리스토텔레스도 우리가 생각하는 노동의 다른 면을 보여주었다. 아리스토텔레스는 ≪니코마코스 윤리학≫에서 육체 활동과 수공업 활동을 피동적인 봉납 활동으로 열등한 것이라 보고 존엄성이 없다고 여겼다.

"어떻게 하면 멋진 인생을 살 수 있을까?" 이것은 이 책의 주요 질문이기도 하다. 아리스토텔레스에게 행복한 삶이란 수동적인 즐거움에 있는 게 아니라 자신의 활동 그 안에 있다는 것이 너무나 당연했다. 물론 노예든 수공업자이든 육체적인 일이 그 주제는 아니다. 일과 관련된 아리스토텔레스의 답변은 오늘날 우리가 말하는 '일' 자체를 말한다.

이 철학자의 논증은 이렇다. 모든 존재는 특별히 각자가 잘하는 능력이 있다. 아리스토텔레스는 이에 대해 미덕과 연관시켜 설명한다. 새는 날 수 있고, 물고기는 수영을 할 줄 알며, 구두장이는 구두를 만들 수 있다. 현대적으로 말한다면 모든 살아 있는 존재는 핵심적 능력을 가지고 있다.

인간은 어떤 특별한 미덕이 있는가 생각해보자. 인간은 이성으로 생각하고 행동하고 자신에 대한 관계를 인식하고 파악한다. 그리고 인생의 중요한 질문에 대해 철학적 사색을 하고, 이를 통해 자신의 존재를 완벽하게 실현할 수 있다.

이는 철학자가 말하는 철학의 홍보 문구가 아니다. 중요한 것은 인간이 자기 내면의 핵심, 자신의 가장 특별한 미덕과 일치하는 것을 행할 때 자기 자신을 실현할 수 있다는 점이다. '인간의 재산은 영혼의 활동에 따른 미덕'이라는 아주 오래된 표현이 있다. 이 표현을 현대어로 바꾸어 해석해본다면 '생각하는 사람이 진정한 인간이다'라고 할 수 있다. 아리스토텔레스는 이런 결론을 여러 번 이끌어냈고, 여러 가지 방식으로 강조했다.

여기에서 중요한 논증은 '스스로 생각하고 세상과 교제해나가는 것이 행복'이라는 것이다. 이는 순간적 행복과는 다르다. 바로 사라져버리는 열정과 다른 종류의 행복이기 때문에 훨씬 큰 가치가 있다. 이 논증은 수단과 목적으로서도 중요하다. 활동이란 하나의 목적을 위한 수단일 수 있다. 당신은 일하기 위해 도시로 나간다. 당신은 돈을 벌기 위해 일한다. 물론 목적이 곧 수단이 될 수 있다. 당신은 스키 자체가 재미있기 때문에 스키를 탄다. 이때 스키를 타는 것은 스키를 타는 것 그 자체가 목적이 된다. 아리스토텔레스에 따르면 철학적 사색도 마찬가지다. 이성을 가지고 생각하는 것, 즉 철학적 사색은 외적 목적을 위한 수단이 아니라 그 자체가 목적이다.

오늘날 우리가 일이라고 칭하는 것은 셀 수 없을 정도로 많다. 창조적인 방식에 따른 문제 해결, 개발 업무, 설계 업무, 재미난 사고 등의 활동, 즉 '일'은 대단한 결과를 낳는다. 일 자체를 순수한 목적으로 볼 경우 그 일은 한없이 즐겁다.

노동에 대한 아리스토텔레스의 상반된 감정이 병존하는 평가는 19세기부터 20세기까지 적용되고 있다. 그리고 노동어 대한 핵심 의미는 칼 마르크스(1818-1883)의 사상에서도 잘 나타난다. 마르크스는

자신의 스승 헤겔처럼 인간을 '자신이 한 노동에 대한 결과의 상징물'
로서 이해하고 있다. 하지만 그는 스승 헤겔이 노동에 대한 부정적인
면을 제외한 채 긍정적인 면만 바라보고 있다고 비판하기도 했다. 마
르크스에게 노동은 육체 활동, 생산을 의미했으며, 인간에게는 소외
를 의미하는 것이었다.

"인간이 생산한 물건은 자신의 고유의 것이 아닌 본질이 없는 존재
이다. 생산자와는 전혀 무관한 독립성이 있다." 자본주의는 이때 마르
크스가 말하는 '소외'라는 개념을 중심으로 19세기 중반쯤 거의 재앙
에 가까울 정도로 발전하게 되었다. 노동자가 아닌 공장 소유주가 모
든 것을 소유하는 시스템이다. 즉 공장 소유주는 생산 수단, 생산물
그리고 살아가기 위해서는 어쩔 수 없이 노동을 제공해야 하는 무산
계급을 포함해 모든 것을 소유한다.

마르크스가 말하는 소외는 4단계로 이루어진다.

1. 노동자와 노동자가 생산한 생산물 간의 소외. 노동자는 아무것도
   소유할 수 없으며 공장 소유주가 모든 것을 소유한다. 노동자는 자
   신의 노동을 통해 생산된 제품에서 자신의 노동에 대한 가치를 포
   기한다.

2. 즉, 노동자와 노동자의 활동은 서로 무관한 것이 되어버린다. 자신
   의 노동은 소외된 생산물에 대한 고난일 뿐이다.

3. 인간은 일하는 존재이고, 이로써 자신의 존재는 소외될 수밖에 없
   으며, 자신이라는 '유적 존재'마저 소외된다고 마르크스는 말한다.
   이것이 결국 마르크스가 말하는 '자아 소외'이다. 노동자는 자기 자

신에게서 소외된다.

4. 결론적으로 노동자는 자신과 함께 일하지 않은 그 외의 모든 사람
   에게서 소외된다.

사회주의 역사의 파멸적인 기초가 되어버린 마르크스의 추상적인
이론은 현대인이 이해할 수 있도록 현대적으로 해석되어야 한다.

당신도 스스로 의미 없다고 생각하는 과제를 해본 적이 있을 것이
다. 일하면서 자신과 동일화시킬 수 없었던 제품이 있었을 것이며, 서
비스 업무가 있었을 것이다. 고역스러울 정도로 힘겨운 작업 분위기
도 경험해봤을 것이다.

이런 경우를 마르크스가 말하는 소외의 의미로 이해하면 된다. 이
때 '소외'라는 것이 자신과 자신의 소유물과의 관계에서 동기로 작용
하지 않을 수도 있다. 완전히 다른 동기가 있을 수 있다는 말이다. 예
를 들어 '탈진 증후군'을 아는 사람들은 자신의 일과 자신의 존재가
서로 소외된 상태를 경험해본 이들이라고 할 스 있다.

소외된 노동이란 의미를 잃은 노동이다. 물론 경영자들에게는 예
외가 될지도 모르겠지만 노동이란 고난이고 고역이다. 아리스토텔레
스의 사상과 마르크스의 사상은 서로 큰 차이가 있긴 하지만, 그럼에
도 중복되는 부분이 있다. 고대 사상가 아리스토텔레스가 '목적 자체
가 목적인 활동'으로 표현했던 노동을 마르크스는 '소외되지 않은 노
동'이라고 칭했다. 인생의 의미는 수동적인 즐거움어 있는 것이 아니
라 능동적인 활동에 있으며, 인간은 자신의 활동 속에서 자신이라는
존재를 실현한다는 확신을 갖게 된다. 마르크스는 소외된 소유관계에

서는 계급이라는 것은 없어져야 하고, 계급이 없는 사회에서의 인간 활동이 이상적이라고 주장했다. 반면, 아리스토텔레스는 마르크스가 이상적이라고 생각하는 육체노동에 대해 경멸하는 입장을 보였다. 이 두 사상가를 통해 나타나는 진정한 노동의 의미란 무엇인가? 아리스토텔레스 시절의 기원전 4세기경의 노예나 수공업자의 힘겨운 활동과 산업혁명 이후 매일 14시간 이상 지속되는 고된 생산 노동은 과연 어떤 의미가 있을까?

오늘날의 노동은 이 두 철학자가 말하는 노동과는 전혀 다른 것일까? 물론 고객관리 부장 M의 직업에서도 뭔가 일치하는 부분을 찾을 수 있을 것 같다. 우리가 노동이라 칭하는 것과는 조금 다르다. 계획 업무와 조직 업무, 판매 업무 등 모두 '일'이다. 주말에 정원을 돌보는 것을 '정원을 가꾸는 일'이라고 하듯이 이러한 업무도 일이며 노동이다. 아이들 돌보기, 설거지, 세탁, 다림질도 모두 일인 셈이다. 서비스 분야에 종사하는 사람 또한 일을 한다. 공부하고 가르치는 것도 일이다. 감정과 영혼과 관련하는 사고도 일이 될 수 있다.

이처럼 '일'이라는 말에는 많은 활동이 포함된다. 아리스토텔레스와 마르크스가 칭하는 '노동'이라는 말은 여기에서 말하는 '일'이라는 표현의 극히 작은 부분만을 말하고 있다. 바젤 출신의 철학자 안겔리카 크렙스(Angelika Krebs)는 저서인 《일과 사랑 *Arbeit und Liebe*》에서 우리 사회의 '일의 정당한 분배 방식'과 일을 통해 얻는 '사회적 인정'을 다루고 있다. 특히 여성들의 '살림이라는 '노동'을 강조하기도 했다. 크렙스는 다음과 같이 오늘날 관습화된 '일'의 개념과 개요를 설명했다.

1. 목표를 향한 행위

이 개념은 위에서 말한 아리스토텔레스가 언급한 내용과 일치한다. '수영을 하기 위해 해변으로 간다'라고 할 때, 해변으로 가는 행위는 외적 목적인 수영을 하기 위함이다. 행위와 목적이 서로 다를 수도 있지만 활동 자체가 목적이 될 수 있다. 즉 '호수에서 수영을 한다'라는 말은 수영하는 자체가 목적이다. 아리스토텔레스는 목표를 향하는 행위를 '일'이라고 보고 행위 자체가 목표가 되는 정신적 행위를 가치 있는 인생의 형태로 보았다.

2. 힘겨운 작업

원어학을 기초로 볼 때 성경에서 말하는 노등에 대한 이해와 일치한다. 손수레를 미는 일, 근력을 키우는 일, 체르니 악브를 연습하는 일.

3. 보상을 받는 활동

경제는 노동을 보상받는 활동으로 이해한다. 시장에서 수요자를 찾는 일.

4. 제품 생산

이것이 바로 경제 교과서에 나오는 개념이다. 또한 마르크스의 사고와도 관련된다. 노동은 제품을 생산한다. 그리고 이 개념을 통해 소외 개념이 형성된다.

5. 사회가 필요로 하는 활동

이것은 다른 개념보다 훨씬 큰 영역을 포함한다. 이때 활동은 단순히 금전적 보상을 위한 것뿐만 아니라 사회에서 필요한 모든 활동이다. 예를 들어 집안일, 서클 활동, 정치 활동, 노인 부양까지 자원봉사 활동도 포함한다.

6. 타인을 위한 활동

5번의 활동과 비슷하긴 하지만 좀더 넓은 의미가 있다. 이런 활동은 다른 사람을 위한 가치를 생산하는 것으로, 타인을 위하는 활동 모두를 포함한다. 필요 없을 경우 거부당할 수도 있는 활동이다. 사람의 관계를 돌보는 활동, 친구를 도와주는 활동, 다른 사람들의 이야기를 들어주고 상담하는 활동, 양로원에서 노인들을 기쁘게 하기 위해 노래하는 활동 등.

크렙스의 일에 대한 개념 설명을 통해 우리가 일이라고 이해하는 활동에 대한 폭넓은 다양성을 확인할 수 있다. 활동에는 금전적 보상이 있을 수 있고(3), 동시에 사회적 필수성을 가질 수 있으며(5), 목표를 위한 활동이기도 하며(1), 힘겨운 작업일 수 있다(2). 또한 동시에 제품을 생산하는 활동(4)은 100퍼센트 자신의 목적을 위한 수단일 수 있으나 더러는 그 자체가 목적이 될 수도 있다(1). 이러한 개념들은 서로 바라보는 시점이 다르고, 일에 대한 견해 또한 다르다. 인간의 삶 속에서 일과 역할을 분석하기 위해 크렙스의 개념 구분을 정신적 사고를 위한 도구로 사용해볼 수도 있겠다.

다시 우리 고객관리 부장 M의 경우에 적용해보자. M은 과연 업무에 임할 때 업무 자체가 목적일까? 그렇지 않다면 업무 이외에 다른 목적을 가지고 일할까? 이 질문에 답하기란 그리 쉽지 않다. 그에게 일이라는 활동은 월급을 받기 위한 목적이 될 수 있다. 그는 돈을 벌어 가족을 부양할 의무가 있다. 즉 자신의 활동은 목적을 위한 수단이 된다. 다른 한편으로 그는 자신의 일을 통해 인생의 의미를 찾고 있을지도 모른다.

일 자체가 그의 가치를 표현할 수 있고, 그의 행위 자체가 목적이 될 수 있다. 그렇다고 해서 목적이 아닌 수단일 수 있다는 점을 무시할 수도 없다. 수단이면서도 그에게 즐거움을 주고 있을 수 있다. M의 경우를 볼 때, 그의 직업이 직업 자체가 목적이라고 할 수도 있겠지만 수단을 위한 것인지 그 목적 자체를 위한 것인지는 M만 알고 있다. 자신의 직업이 그의 인생에 얼마나 큰 의미를 가져다주는지는 누구보다도 그가 제일 잘 알고 있다.

이때 다음과 같은 사항을 체크해 볼 수 있겠다. 그는 얼마나 즐겁게 일하는가? 그는 일하면서 얼마나 큰 기쁨을 누리고 있는가? 그는 자신의 활동을 얼마나 의미 있게 여기고 있는가?

보상을 지급하는 그의 직장(3)은 그의 인생을 풍요롭게 해주는 다른 활동을 제한하고 있을 만큼, 시간적으로나 양적으로 부담이 크다. 그에게는 가족과 시간을 보내는 일, 친구들과 시간을 보내는 일, 레저를 즐기는 일(5, 6)도 임금을 받고 하는 일 못지않게 중요하다. 그의 일상은 의미 있는 삶을 위한 활동 시간마저 빼앗아가고 있다. 자신의 직업 자체가 문제가 아니라 자신의 삶에 대한 가치가 문제다.

M에게 소외라는 개념을 적용해보자. M이 자신의 업무, 직원과의 관계, 업무 성과와 활동에 의미를 두고 일에서 즐거움을 찾을 수 있다면 자신이 노동에서 소외되었다고 말할 수는 없다. 그러나 자신의 가족과 친구들로부터는 소외되었다. M은 직업이 아닌 인생으로부터 소

외되고 있다.

당신은 어떠한가? M의 상황을 바라보면서 자신이 겪고 있는 문제가 떠오르는가? 당신은 당신 직업이 그 자체가 목적이라고 보는가? 아니면 일이 고되다고 느껴지는가? 당신 인생의 중요한 활동 범위가 일로 인해 위협받고 있는지 살펴보자. 인생의 어느 부분에서 자신이 소외되고 있는지도 생각해보자.

대부분의 사람은 M과 같은 상황에 처해 있다. 우리 인생은 일의 노예 같기도 하다. 일이 인생의 전부가 되어버리는 경우가 얼마나 많은가. 우리는 일을 위해 거의 모든 시간과 에너지를 투자하고 있다. 그래서 다른 가치 있는 무엇인가를 추구할 여유가 눈곱만큼도 없는 지경이다. 왜 그럴까? 그 이유는 아주 간단하다. 우리는 돈을 원하고, 사회에서 인정받기를 원한다. 인정받는 건 둘째치고라도, 최소한 돈을 벌기 위해서라도 일은 절대 포기할 수 없다.

오늘날 돈은 단순히 살기 위한 수단이 아니라, 화려한 생활을 누릴 수 있게 해준다. 게다가 사회적 위신을 세워준다. 돈은 살아가는 데 필수적인 수단을 넘어서 삶을 좀더 치장하고 사회적 위신을 세우기에 아주 적절한 수단이 되고 말았다. 하지만 우리는 겉으로는 '사회적인 위신'이란 말을 비웃기도 한다. 대부분 사람은 일을 통해 사회적인 인정을 받고자 한다. 우리는 활동을 통해 우리의 능력을 과시하고, 남들에게 자신의 가치를 알려주고자 하며, 사회에 기여하고자 한다. 결국 이것은 남들에게 인정받기 위한 노력이다. 사람들이 당신의 일과 업적의 가치를 존중하는 것은 곧 인정받는 것이다. 사회적인 인정은 당신의 자존심을 세워주고, 당신의 직업은 신분을 규정해주기도 한다. 즉, 우리는 M과 똑같은 상황에 처해 있다. 일은 사회적인 인정을 받기 위한 노력이라는 점을 떠나서도 단순히 보상을 받는 활동(3)뿐만 아니라 그 외 다른 형태의 일과 관련된 활동 형태르서 사회적인 필수 활동(5), 타인을 위한 활동(6) 그리고 힘겨운 작업(3)이라는 개념으로도 모두 유효하다.

컨베이어벨트에서 일하는 공장 노동자에게 일이란 고난일 뿐이다. 노동의 양에 비해 월급도 적다. 상사가 자신의 일을 인정해주길 바란다. 일을 통해 인정받는다는 것은 돈 못지않게 중요하다. 돈을 잘 번다는 것은 괜찮은 직업을 가지고 있다는 말이기도 하다. 드렙스는 "일에 대한 사회적 인정은 금전적 양식으로 표현된다."고 했다.

돈

결론은 돈이 중요하다는 이야기다. M의 상황도 결국 돈과 관련된다. 이때 주의해야 할 것이 있다. 우리가 남의 삶에 관여하는 태도, 그리고 M을 평가하는 태도를 통해 우리의 인생 콘셉트가 드러날 수 있다. 이에 대한 관련성을 이해하려면 새로운 기초적 사고가 필요하다.

게오르크 짐멜(Georg Simmel, 1858-1918)은 저서 《돈의 철학 *Philosophie des Geldes*》에서 여러 단계를 거쳐 인간의 심리와 돈의 관계를 연구했다. 그는 우선 돈이라는 존재가 무엇인지를 분석했다. 그는 현대에서 화폐 제도의 구조와 인간의 심리가 놀랄 만큼 일치한다는 것을 증명했다. 돈은 우리의 삶의 형태를 상징한다. 이러한 삶의 방식은 차별화된 경제 시스템을 통해 발생하기도 했다. 돈이란 무엇일까? 짐멜의 중요한 관점을 논제 양식으로 요약해보도록 하겠다.

1. 돈은 객관적인 가치 세계를 창조한다.

화폐가 생기기 이전인 물물교환 시절과 비교해보자. 그 당시에는 물건을 필요로 하는 사람들의 필요성을 근거로 물건의 가치가 주관적으로 결정되었다. 오늘날 내가 키우는 소를 장검과 교환한다는 것이 의미가 있을까? 화폐를 통해 물건 가치는 상대방의 주관적인 평가에서 벗어나고, 가격이라는 기준을 통해 객관적인 특성을 부여받게 된다. 가격은 한 상품과 다른 상품 사이의 교환 가능성 정도를 표시해준다. 두 가지 서로 다른 물건이 서로 비교되는 것이 아니라, 상품성이 있는 모든 물건과 가격을 통해 비교된다. 당신이 키우는 소는 시장에서 객관적인 값을 갖게 된다. 이런 방식으로 돈은 모든 제품과 가치 비교가 가능하도록 해준다.

2. 이로써 돈을 통해 모든 물건을 서로 비교하고 계산할 수 있게 된다.

돈을 통해 물건은 서로 성격이 다르지만 불가분의 관계가 된다. 그리고 같은 표준으로 비교가 가능해진다. 돈으로 표시된 가치란 물건에 대한 추상적인 표시가 아니라, 상대적인 가치 표시이다. 이 표시는 물건 자체의 표시가 아닌 물건의 유효성을 표시한다. 다양한 물건을 통해 돈의 가치가 현실화되고, 돈은 물건에 대한 순수한 상대성으로서 그 의미를 갖게 된다.

3. 물물교환 시대의 물건과 달리 교환 대상인 돈에는 '질'이라는 성격이 없다.

동전이나 지폐, 플라스틱이든 간에 화폐 재료를 통해 가치가 결정되는 것이 아니라 돈이 제시하는 그 가치가 전부인 것이다. 화폐 경제의 초창기에는 돈에 질적 의미도 있었기 때문에 금이나 가축 등으로도 지불이 가능했다. 물론 현대에 들어와서 그 교환물들은 사라져버렸고, 구리 동전이나 지폐, 비물질적인 저장 미디어 형태로 된 화폐가 사용되고 있다. 돈은 돈 자체에 있는 가치가 아니라 오직 순수한 가치의 상징일 뿐이다. 즉, 돈은 '양(Quantity)'일 뿐이다.

4. 원래 돈에는 아무런 가치가 없다.

돈은 어떤 특정한 목적을 위한 수단일 뿐이다. 그 수단이 수단 자체로서 의미를 잃어버리면 가치도 사라진다. 돈은 물건을 얻기 위한 수단으로서 그 역할을 하고 있으며, 그로써 가치를 갖게 된다. 또한 그 가치는 무한하다.

돈이 획득한 가치는 그 '양(Qunatity)'에 있다. 돈은 돈일뿐이다. 그런데 돈이 얼마인지에 따라 상황은 달라진다. 짐멜은 "돈의 가치는 '돈의 양'으로 표현된다"고 역설적인 공식을 제시했다. 디즈니 만화 캐릭터인 억만장자 다고버트 덕(Dagobert Duck)을 통해 이러한 동기는 인상 깊고 허무맹랑한 그림으로 표현된 적이 있다. 다고버트 덕은 으스대며 동전과 지폐로 가득 찬 수영장에 뛰어들어간다. 수영을 하기 위해서는 물이 필요하다. 동전과 지폐는 아무런 소용이 없다. 그래서 부유함을 과시하던 다고버트 덕의 모습은 우스운 한 편의 만화가 될 수 있었다.

짐멜은 이런 돈에 대한 개념 정의를 통해 현대인의 삶에 돈이 얼마나 깊은 관여를 하고 있는지를 하나하나 짚어나갔다. 돈으로 이루어지는 화폐 중심적 현대 경제는 우리 삶의 주요 무대가 되어버리고 말았다. 완벽한 화폐 제도를 목표로 하는 짐멜의 진단은 우리 사회에 적용되는 부분이 적지 않다. 돈은 이미 수십 년 전부터 우리의 삶을 지배해오고 있으며, 시간이 갈수록 더욱 극단화되고 있다.

짐멜이 말하는 현대인의 인격 프로파일(사이코그램)은 현대를 대표하는 특성일 뿐 아니라 우리가 살아가는 현대의 기본 원리이기도 하다.

5. 돈은 개인의 삶에 큰 자유를 선사했다.

원시시대나 중세시대 사람들은 살아가기 위해서는 어쩔 수 없이 다른 사람들과 깊은 관련을 맺어야 했다. 예를 들어 농민들에게는 영주에 대한 의무가 있었다. 초창기에는 강제노역으로 시작하여 십일조를 내야 했고, 후에 이는 돈을 지급하는 것으로 대체되었다. 화폐 역할이 점점 커지면서, 금전은 모든 것을 대체하게 된다. 특정인들과의 끈끈한 관련성도 이를 통해 사라져버린다.

이러한 방식으로 돈의 형태를 통한 추상적인 새로운 의무가 생겨난다. 화폐를 통해 기존의 인간적 의존성이 사라지면서 새로운 형태의 의존성이 생겨난다. 이러한 새로운 의존성을 통해 사람들의 관계는 비인격화되었다. 옛날에 인간관계는 돈뿐만 아니라 의무로도 설명되었다.

6. 돈은 우리를 사람뿐만 아니라 물건으로부터도 독립시켜준다.

소유자와 소유물의 공간적 거리를 확보해주는 것이다. 이전에는 장소, 회사, 특정 생산품 그리고 특정인과 견고한 관련성이 존재했다. 오늘날은 돈만 있다면 어디서 무엇이든지 할 수 있다. 볼리비아 청동 광산의 주식, 미국 부동산 증권 투자, 호주 은행의 채권 등 장소와 종류를 가릴 필요가 없어졌다. 장소와 회사 그리고 사람과의 관련성은 이제 더 이상 중요한 요소가 아니다.

짐멜은 인간은 돈을 통해 장소에 상관없이 모든 것을 소유할 수 있게 되었으며, 이는 인간의 감정이 진부해지고 현대에 의미 있는 것이 상실되는 원인이 되었다고 보았다. 돈으로 성격 상실이 초래되었다. 성격 상실이란 모든 업무를 돈의 기준으로 보고, 소유라는 개념이 물건과의 실제적인 관련성을 전제하지 않을 수도 있다는 것을 뜻한다.

7. 복잡하고 차별화된 화폐 경제는 현대의 결정적인 특성을 보여주고 있다.

옛날과 비교했을 때 가장 극적인 차이라면, 돈은 우리에게 지속적으로 계산하도록 강요하고 우리의 지능 계발이 얼마나 중요한지 강조한다. 게다가 현대인에게 몇 배에 해당하는 계산 능력을 요구하고 있다. 가치와 목적은 지능이 아닌 감정을 통해 만들어진 것이다. 여기서 말하는 지능이란 돈이 표현하는 수단에 대해 초점을 맞추는 능력이다. 목적이라는 것은 수단의 최적화이다. 우리가 돈을 벌고, 저축하고 저렴한 쇼핑몰을 찾아다니면서 수단의 효율적인 적용과 획득에 관심을 두고 있는 동안 인생의 의미에 결정적인 것들은 까맣게 잊게 된다.

이러한 심리학적 상태는 모든 '질'을 돈의 가치를 통해 '양'으로 전환시킨다. 현대 경제사회는 목적을 넘어선 수단을 통해 지배되고 있다. 품질을 넘어선 양이 지배하고 있다. 돈은 돈의 의미를 넘어서고 있다. 돈의 액수를 늘리고자 하는 욕구, 연간 이자소득에 대한 기대는 결국 우리 인생의 속도를 가차 없이 높이고 있다. 연간 이자소득도 시간에 따른 소득이다. 현대 경제의 구조로 인해 우리 인생의 리듬 속도는 더욱 빨라지고 있다.

화폐 발전의 결과는 무엇일까? 인생에 돈이 전부가 되면서, 인간에겐 항상 부족한 것 또한 돈이 되고 말았다. 우리는 끊임없이 돈을 쫓고 있다. 왜 그 돈을 필요로 하는지조차 잊은 채 말이다. 우리는 모든 것을 양으로 계산하고 생각한다. 그리고 '질'은 무엇인지 모른다. 여기서 말하는 '질'이란 '삶의 질'을 말한다. 우리는 수단을 모으려 하고 있지만, 그 수단을 통해 무엇을 하려는지 목적은 모르고 있다. 우리의 인생은 거꾸로 서 있는 것 같기도 하다.

고객관리 부장 M의 삶은 짐멜이 말하는 현대인의 삶을 보여주고 있다. 돈을 번다는 것은 그에게 삶의 중심적인 의미가 있다. 자신의 진정한 인생은 보상을 보장하는 직업보다 하위의 것으로 분류되어 있다. M의 경우는 우리 모두에게 적용된다.

우리 모두 M과 같은 삶을 살고 있다. 현대의 직장인들 대부분이 M과 같다. 스스로 질문해보자. "우리 인생에서 돈을 제외한다면 무엇이 중요할까?" "얼마나 벌고 얼마나 소유하고 있는가?"라는 이 질문은 당신에게 어떤 의미를 갖는가? 물건을 살 때 얼마나 자주 계산기를 두드리며 가격을 비교하고 있는가? 그렇다고 해서 누구도 우리에게 잘못 살고 있다고 말하지 않는다. 우리는 신석기 시대에서 살고 있는 것이 아니다. 현대의 경제 시스템을 존중하면서 이에 적절히 적응하며 살아나가야 한다. 이때 착각해서는 안 될 것이 있다. 어쨌든 우리는 외적으로나 내적으로 현대 화폐 경제의 영향을 받고 있는 것이 사실이다. 그렇다고 해서 돈에 매달려 사는 방법 외에 다른 방법이 없다는 이야기는 아니다. 그렇다면 어떤 방법이 있을까?

돈이 우리 인생에 어떤 역할을 하는가에 대해 생각하는 것은 큰 득이 되는 일이다. 이러한 의식적인 사고를 시도하는 사람은 인생의 초점을 어디에 맞춰야 하는지 알게 된다. M의 경우도 마찬가지다. 짐멜의 논제를 따라가 보자.

1. 주관적 가치를 숙고한다.

인생에 있어서 무엇이 정말 중요한가? 해외에서 화려한 휴가를 보내는 게 중요한가? 아니면 국내에서 보내는 소박한 휴가가 더 좋은가? 가족과 알찬 시간을 보내고 싶은가? 어떤 자동차를 가지고 싶은가?

2. 비교하는 것을 포기한다.

옆집 사람이 좋은 물건을 샀다고 해서 당신도 따라서 사야 하는가? 물건을 구입하는 것이 자기 경제 수준을 과시하는 행위라고 보는가?

3. 항상 질을 보자.

모든 것이 꼭 비싼 것이어야 하는가? 월급이 적다고 생각하는가? 또는 현재 월급 수준으로 더 나은 삶의 질에 도달할 수 있다고 보는가?

4. 목적을 중시한다.

돈은 꼭 필요한 것이다. 그러나 그것이 인생의 목적이 되어선 안 된다. M의 인생의 목적은 무엇일까? 필요하다는 이유만으로 아무 생각 없이 무조건 얻고자 하는 대상은 무엇인가? 그렇다면 '필요 이상의 돈'이 그가 자신의 삶에서 원하는 것의 전부인가?

5. 재정관계보다는 인간관계에 더 관심을 기울인다.

고객, 거래처, 동료나 상사와 경제적으로 단단히 연관되어 있다. 돈과 관련된 사람과의 관계가 결국 그의 인간관계이기도 하다. 그들과의 관계가 재정에 더 치우쳐 있는가, 아니면 인간 그 자체로서 관계를 바라보는가?

6. 가슴에 와 닿는 것을 무시하지 않는다.

돈과 관련된 것만 할 필요는 없다. 돈 때문에 자신의 직장을 움켜쥐고 있는 것이라면 일을 포기하는 편이 낫다. 항시 사업 파트너에게 양보하고 친절을 베푸는 것은 자신의 이익을 포기하지 못하기 때문일 것이다.

7. 계산하기보다는 감정으로 사고한다.

계산하지 말라고 해서 생각 없이 무조건 행동하라는 이야기가 아니다. 머리만 쓸 것이 아니라 감정의 목소리에도 귀를 기울이라는 뜻이다. 계산보다 직감으로 행동하는 것이 현명할 때가 많다. 인생의 속도를 낮추고 좀더 천천히 가면서 삶의 질을 생각해보는 것도 좋다. 너무 당연한 애기라고 생각할지도 모르겠다. 삶의 질을 생각한다는 것은 무슨 의미가 있는가? M이 자신의 실제 상황에서 할 수 있는 것은 무엇일까? 문제는 각 상황에 대해 간단한 처방이 정해져 있지 않다는 것이다.

M은 우리 모두처럼 돈에 의존하는 삶의 양식에 익숙해져 있다. 우리는 수단과 양의 세계에서 성장했다. 돈이 전부인 세상만 보고 살아왔다. 이제는 화폐 중심의 세계에서 한걸음 뒤로 물러나 우리의 진정한 인생 목표를 인식해야 할 때이다. 자신의 인생에서 돈의 역할에 대해 진정으로 고민한 사람은 인생이라는 구조에서 활동의 무게를 적절하게 분배하는 능력을 얻게 된다. 돈과 인생의 관계를 고민한다고 해서 세상이 무너지는 것은 아니다. 두려워하지 말자. 이러한 사고를 통해 돈의 노예가 아닌 돈의 지배자가 될 것이다.

돈을 지배한다는 것은 돈을 더 많이 번다는 뜻이 아니다. 우리 인생의 질을 위해 정말 필요한 만큼이 어느 정도인지를 알게 된다는 말이다.

어쨌든 우리는 모든 것을 가질 수 없고, 모든 것을 살 수 없다는 사실을 잘 알고 있다.

돈에 대한 성찰은 항상 선택 아니면 포기이다. 하지만 포기한다고 해서 마음이 아프거나 아까울 것도 없다. 사치품이 정말 필요한 것이 아니라면, 과시하려는 욕구를 버리고 그것을 구매하는 일을 포기한다. 돈을 지배할 수 있다는 것은 정말 중요한 목적을 위해 필요한 만큼의 수단인 돈을 관리할 수 있다는 말이다. 물론 돈은 당신이 만족하는 인생의 질을 형성하는 데 도움이 될 수 있다. 얼마나 많은 돈을 벌어야 하는가? 현대 화폐 중심 경제의 대세를 눈이 먼 상태로 따라가는 사람들은 대부분 이렇게 말할 것이다. "지금보다 더 많이 그리고 훨씬 더 많이 필요하다." 그와 반대로 돈을 지배할 줄 아는 사람들은 이러한 질문에 차별된 답을 할 수 있다. "지금보다 더 많은 돈이 필요하지는 않다."

돈에 대해 생각해본 사람들은 경제도덕가인 페터 울리히(1948)가 쓴 책《충분히 소유하는 인생의 예술》에서 말하고자 한 핵심을 이미 이해했다고 할 수 있다. M도 마찬가지로 돈에 대해 심사숙고한다면 그의 일상에는 큰 변화가 일어날 것이다. 무조건 더 벌기 위한 노력을 포기하고, 고객도 좀더 태연하게 대할 수 있을 것이다. 늦게까지 남아 일하기보다는 정시에 일을 마무리할 것이며, 고객 상담도 가능하면 근무 시간 내에 마치려고 노력할 것이다.

그동안 거부하지 못했던 추가 업무도 이제는 거절하는 용기가 생길 것이다. 아마 자신이 해야 직성이 풀리던 업무도 직원들에게 분배할 수 있는 배짱도 갖게 될 것이다. 이를 통해 회사도 그동안 파악하지 못한 문제점들을 인식하는 계기를 갖게 될 것이다. 회사 스스로 직원이 부족하다는 사실을 알아차릴 수도 있다. 또는 M이 직접 자신의 상사에게 이에 대해 건의할 용기를 낼 수도 있다.

그동안 얽매여 있던 업무량과 매출에 집착하지 않으면 자신의 직원들에게 새로운 감동을 주고, 이로써 부서 분위기도 한층 밝아질 것이다. 물론 그도 직원들을 매출 기준으로 평가하기보다는 각자의 인생 목적과 삶의 질을 중시하는 소중한 존재로서 바라보게 될 것이다. 이를 통해 M의 부서 분위기는 좀더 인간적인 분위기로 바뀔 수 있다. 어쩌면 이러한 따뜻한 분위기를 알아챈 회사가 전체 분위기를 인간적으로 변화시키려는 노력을 기울일 수도 있을 것이다. (이런 분위기를 중시하는 회사들도 많다.)

M이 이렇게 입장을 전환함으로써 갈등 상황에 부딪힐 수도 있다. 경연진이 매출 최대화와 비용 절감에 있어서는 절대 양보할 수 없다고 주장할 수 있다. (물론 매출과 비용 절감이 전부인 기업들도 많다.) 회사가 이런 방식으로 반응할 경우, M은 중요한 결정을 내려야 할지도 모른다. 고된 업무를 줄이고 인생의 다른 목표에 좀더 비중을 두어야 하는가? 새로운 계획을 추진해야 하는가? 항상 인간의 현재 모습은 오래 전에 자신이 결정한 과정의 결과이다. 그런데 오직 한 길만 바라보고 이제까지 살아온 사람은 다른 계획을 위해 눈을 돌린다는 것이 쉽지 않다. 하지만 인생은 항시 새로운 방향으로 통하기 마련이다.

돈에 대해 깊이 생각해본 적이 있는가? 돈에 대한 당신의 주관적 가치는 무엇인가? 돈과 관련해 남들과 비교를 많이 하면서 살아가는가? 얼마나 많은 돈을 소유하고 싶고, 얼마나 많은 것을 소유하고 싶은가? 돈을 목적이 아닌 수단으로 볼 수 있다고 생각하는가? 아니면 돈이라는 수단을 목적으로 생각하고 있는가?

당신의 인간관계를 돌아보자. 그중 얼마나 많은 관계가 돈을 통해 이루어졌는가? 그 인간관계는 당신에게 얼마나 중요한가? 돈을 위해 할 수 있는 것은 무엇이며, 하지 말아야 할 것은 무엇이라고 보는가? 스스로 계산적인 인간이라고 생각하는가? 아니면 자신의 감정이 더 중요하다고 생각하는가?

이런 질문에 대한 답변을 고심하면서 우리는 삶이 얼마나 돈과 단단히 얽혀 있는지를 알 수 있다. 돈에 집착이 큰 사람들은 그들의 인생을 변화시키는 데 더 큰 용기가 필요하다. 예를 들어 M이 돈에 대한 성찰을 통해 반성하는 마음을 느낀다면, 그는 용기가 필요한 사람이다. 이때 그에게 필요한 것은 바로 사고하는 용기이다. 자신과 돈 사이의 필연성을 다시 한 번 검토하는 용기가 필요하다.

만약 그가 자신의 삶에서 돈 말고 다른 것에 인생의 비중을 새롭게 분배하고자 한다면, 그동안 그가 속해온 환경에서 비난을 면치 못할 수 있다. 동료나 직원들은 M의 변화를 편하게 느낄 수도 있다. 하지만 적극적이지 못하고, 성의 없고, 게으르다고 비난할 수 있다. 물론 그의 새로운 태도가 이렇게 비난받을 정도로 심각하지는 않겠지만, 오해의 여지는 충분하다. 이러한 비난과 오해는 그를 두렵게 할 수 있다. 그래서 이를 극복하는 용기가 필요한 것이다. 용기는 우선 미뤄두더라도 극단적인 방법으로 업무량을 줄이거나, 직장을 바꾸는 방법, 독립하는 방법을 시도할 수 있을 것이다. 물론 경제적인 이유나 가족 부양의 의무로 실패할 확률이 높다고 생각하기 때문에, 이는 상당한 두려움을 일으킨다.

시간

"시간은 돈이다"라는 말은 그저 생겨난 게 아니다. M의 경우도 시간은 중요한 문제이다. 가족, 취미, 인간관계, 인생을 즐길 수 있는 시간이 거의 없는 상황이다.

돈에 대한 현대적인 시각은 시간과 상당히 중요한 연관성을 갖는다. 화폐로 모든 것을 계산한다는 것은 효율성을 목적으로 하고 있다. 이러한 효율성은 주어진 시간에 가장 많은 '양'을 얻도록 하고, 짧은 시간 내에 '특정 양'을 얻도록 하는 것이 목표다. 돈은 시간에 따라 계속 늘어난다. 연간 이자 수익도 시간이 지날수록 늘어난다.

시간이란 과연 무엇인가? 1년, 1일, 1초 같은 시간 단위 말고, 시간이란 그 자체가 무엇인가 생각해보자. 이에 대해 답하기란 그리 쉽지 않다. 우리는 시간을 너무 당연한 것으로 여겨왔다. 아우구스티누스(354-430)는 시간이 무엇인지에 대해 탐구했던 사상가이다. 그는 이러한 역설로 유명하다. "시간이란 무엇인가? 시간이 무엇인지 묻는 사람이 없다면 나는 시간이 무엇인지 안다고 말할 수 있다. 하지만 시간이 무엇인지 설명해야 하는 상황에서는 나는 시간이 무엇인지 모른다."

물리학자들은 시간을 공간으로 인식했다. 그들이 보는 시간이란 끝이 없는 과거로부터 오는 직선과 같은 것으로, 끝이 없는 미래를 향해 나아가고 있다. 현재란 이 직선에 하나의 점으로 규정된다. 현재라는 점이 끊임없이 연결되어 시간이라는 총체를 이룬다. 이 과정을 통해 현재라는 점이 지속적으로 연결되어 과거라는 시간에서 미래라는 시간으로 연결된다. 또는 그와 반대가 되기도 한다. 미래는 현재의 점을 통해 확고하게 흐르면서 과거 속에서 사라지기도 한다. 물론 엄격하게 따진다면 현재, 과거 그리고 미래라는 개념은 물리적인 시간 개념과 정확하게 맞아 떨어지지는 않는다. '현재'란 사실 없는 것이기 때문이다. 이 순간을 현재로 규정하거나 이를 말하기도 전에 이미 이 순간은 과거가 되어버리기 때문이다.

현재란 시간의 연속이 아니다. 작은 점에 해당하는 그 순간은 확장되는 개념이 아니다. 현재는 과거와 미래를 분리하는 부분이며, 과거로부터 미래로 이어지는 시간이란 직선을 냉정하게 잘라준다. 과거와 미래는 항상 특정한 시간으로부터 분리된다. 달 착륙은 괴테에게는 미래였고 우리에겐 과거였다.

사실 두 가지 시간적 개념의 연결만이 존재할 뿐이다. 과거는 미래의 이전이고 미래는 과거의 이후이다. 시간은 양쪽으로 무한하다. 이를 상상해보면 다음 질문들이 떠오른다. 그렇다면 과거의 이전은 무엇이었을까? 시간이란 것은 원래 없었을까? 시간이 언젠가는 멈출까? 이러한 상상을 하게 된다. 물리학적으로 이해하는 시간은 객관적이다. 시계로 측정할 수 있고 모든 결과가 정리될 수 있으며 각 개인이 존재하는 기간 이상으로서 존재한다.

시간은 또한 빈 상태이다. 그 안에 발생한 사건들 모두가 정리되어 들어간다. 시간은 질이 아니라 양이다. 물리학자들이 유추했던 논리대로 시간의 직선처럼 말이다. 이러한 시간에 대한 개념은 매력적이고 명백하다. 하지만 우리는 그 시간을 매력적으로 경험하지 못하고 있는 실정이다. 1장에서 마틴 하이데거의 저서 《존재와 시간》에 대해 언급했다.

그가 이 책을 통해 탐구하고자 했던 인간 존재의 기본 규정을 기준으로 하이데거는 시간에 대해서 이렇게 표현했다. 가장 중요한 것은 시간성이다. 우리의 존재는 시간성이며 우리는 우리의 삶에 대한 시간의 한계성을 알고 있다. 우리는 시간을 항상 현재로 경험하고 있다. 현재는 또한 과거와 미래와 연결되어 있다. 우리가 보낸 시간을 과거라 하고 오는 시간을 미래라고 한다.

그리고 과거와 미래는 현재로부터 나뉜 시간이 아니라 서로 나뉠수 없는 시간 속에 들어 있는 순간들이다. 과거나 미래 없는 현재는 있을 수 없기 때문이다. 잠시 동안 상상해보자. 과거를 완전히 모른다고 생각하거나 미래에 대한 의도가 하나도 없다고 생각해보자. 그런 생각이 불가능하다는 것을 알게 된다.

이러한 시간에 대한 사고는 물리적 시간의 의미와 매우 다르다. 우리는 시간을 주관적으로 경험하고, 긍정적인 또는 부정적인 '질'로 색을 입힌다. 그리고 우리는 시간에 한계가 있음을 안다. 물리적 시간은 형상적인 시간 경험의 추상적 개념이다.

우리의 시간성은 바로 그 결정적인 죽음으로 사라진다. 시간의 영원성에 대한 의식은 우리의 존재가 영원하지 않다는 의식에 강요당한다. 당신이나 나는 모두 각자의 시간을 가지고 있다. 우리에게 주어진 시간이 얼마나 되는지 알 수 없다. 바로 내일 당신에게 주어진 시간이 완전히 끝날지도 모른다. 시간성과 인간관계는 우리가 사람이라는 기준 속에서 사느냐 아니면 진정으로 사느냐를 구분해준다.

당신이 인간이란 기준 속에서 산다면 다른 이들이 하는 모든 것을 하며 살 것이다. 마치 다람쥐 쳇바퀴 도는 것처럼 말이다. 그러나 진정으로 산다는 것은 자신의 삶을 살아가는 데 스스로 책임을 지는 것이다. 이는 자신의 시간성에 대한 인식 속에서 산다는 뜻이다.

사람은 죽음을 거부한다. 그리고 자기에게 주어진 아름다운 시간이 지나갔다는 사실에 대해 슬퍼하며 눈을 감는다. 그러나 죽음은 삶의 마지막 사건이 아니다. 우리는 사실 모래시계의 모러가 흐르듯이 지속적으로 죽어가고 있다. 죽음은 모래가 완전히 떨어지는 순간에 표시될 뿐이다.

살아 있는 사람은 밤을 통해 어두움을 알고 있을 뿐만 아니라 이것으로 밝음을 알며 이 속에서 살아간다. 당신에게는 오직 하나의 시간, 당신의 시간만이 존재할 뿐이다. 그리고 이 시간은 한계가 있다. 어쩌면 당신의 모래시계가 내일 끝날지도 모른다. 살아 있는 사람에게는 항상 끝이 있는 법이니까.

중요한 것은 정년 퇴직 후 연금을 받으면서 편안하게 사는 그 먼 미래에 있는 게 아니다. 살아 있는 사람은 언젠가는 그 삶을 마감해야 한다. 이는 누구에게도 듣기 좋은 소리는 아닐 것이다. 과연 누가 죽는 것을 좋아하겠는가? 하지만 당신의 삶이 행복했다는 의식이 있다면, 죽음 앞에서 조금 다를지도 모르겠다.

당신은 어떤가? 자신에게만 할당된 정해진 시간을 살아가고 있음을 의식하는가? 당신 삶에 제한된 시간이 할당되어 있다는 사실이 놀라운가? 아니면 그것은 항상 당신을 따라다니는 의식인가? 당신의 삶은 균형이 잡혀 있는가? 아니면 중요한 것을 모두 먼 미래로 미루고 있는가? 내일 당장 당신 삶의 모든 것을 정리할 수 있다고 생각하는가?

이러한 생각을 해보는 것은 아주 유익한 일이다. 내일 죽음을 앞둔 사람들은 삶에 대해 완전히 다른 시각을 가지고 있다 이는 우연이 아니다. 그들은 모든 것에 대해 우리와 완전히 다른 평가를 내리고, 중요한 것조차도 완전히 다르다. 죽음이 다가왔다는 의식은 불가피하다는 사실을 알게 해준다.

이러한 사고의 배경을 기초로 M의 삶의 모습은 분명해진다. 돈이 중요하다는 생각 하나로 시간성은 더욱 분명해진다. 그의 삶은 불균형하다. 그의 직업이 그에게 의미 있다고 할지라도 다른 중요한 것을 미래로 미루는 실정이다. 그가 소유한 시간은 뒤집을 수도 없으며 늘어날 수도 없다. M은 현재 '최고의 시간' 속에 살고 있다. 돌이킬 수 없는 시간이다. 만약 내일 그의 삶이 끝난다면, 그의 삶은 실패가 아닐 수도 있다. 하지만 그가 원했던 삶처럼 성공적인 삶도 아닐 것이다.

남에게 모범이 되는 용기

경영자가 일과 돈 그리고 시간을 관리하는 태도는 비단 개인 생활에서만 적용되는 것은 아니다. M이 과도한 업무로 소외된 삶을 살아가고 있는지, 아니면 일 자체가 삶의 목적이 되는 인생을 살고 있는지는 M만이 알고 있다. 그가 만족하는 삶을 살고 있는지, 또는 그의 직업에 대한 동기 그리고 삶의 질은 그와 함께 일하는 직원들에게 감출 수 없다. M의 태도는 직원들이 직장생활에 임하는 태도에 큰 영향을 준다. M에게는 이런 질문이 적용된다. "얼마나 많은 돈을 벌고자 하는가? 그의 삶을 형성하는 데 '질'이란 무엇인가?" 직원들도 M에게 돈이 얼마나 중요한가를 알고 있다.

일에 임하는 태도를 스스로 살피면 이러한 질문에 대한 답변은 분명해진다. 함께 일하는 사람들도 상사 M에게 있어서 비용과 매출, 이익 창출이 얼마나 중요하고, 또한 인간관계가 얼마나 중요한지 정확하게 파악하고 있다.

직원들은 자신의 상사인 M이 돈에 얼마나 집착하고, 권력에 어떤 태도로 반응하는지를 누구보다 잘 파악하고 있다. 그들은 M의 인성과 특성을 너무나 잘 알고 있다. 이들의 섬세한 감각을 절대 무시해선 안된다. M의 시간관리 속도와 리듬, 업무 시간, 시간 관리 스타일은 모두 직원들에게 직접적인 영향을 주고 있다. 리더의 삶의 태도가 자신의 활동뿐만 아니라 경영 성과에 중요한 역할을 하는 것은 함께 일하는 직원들의 모범이 되기 때문이다.

어쨌든 직원들은 상사의 모습이 모범적이지 않을지라도 그를 모범으로 여기고 그 태도에 따르게 된다. 직원들은 기본적으로 경영자를 무조건 따르는 성향이 있다. 그들은 상사가 자신의 과제를 강인한 인성으로 수용한다는 것을 인정한다. 이는 자신들이 직접 경험해봐서 잘 알고 있다.

상사는 직원들의 수다에서 주제가 된다. 직원들은 상사를 지속적으로 관찰하고 그의 행동에 대해 끊임없이 토론한다. 상사의 사생활 또한 뜨거운 주제가 된다. 하지만 그들은 상사의 행동을 비판하면서도 결국에는 상사를 따른다. 리더에게 중요한 것은 인성이다. 이를 통해 리더의 능력이 증명된다. 올바른 인성을 갖추지 않으면 인간적인 설득을 할 수 없고 지도력은 실패하고 만다.

리더의 삶에 대한 태도는 그의 리더십 스타일에도 큰 영향을 미친다. 리더의 인생 설계는 자신의 인간상과 떼려야 뗄 수 없는 요소이다. 자신이 살아가는 모습을 통해 직원들에게 그가 어떤 사람인지를 보여주는 것이다. 우리는 자신의 삶을 현실화하고, 동시에 인간상을 설계한다. 4장에서 소개된 사르트르의 사고방식을 기억해보면 좋다.

인간상이 리더의 역할을 이해하는 데 어떤 영향을 주는지 2장에서 이미 설명한 바 있다. 인생을 어떻게 꾸려나가느냐는 리더에게 개인의 삶 이상의 의미가 있다. 인생을 어떻게 살아가느냐는 사람을 지도

하는 과제에 큰 역할을 한다. 인생 자체가 문제투성이인 사람들은 리더로서도 예외 없이 큰 문제가 있다. 확고한 리더의 경우 직원들은 이를 직감적으로 느낀다. 균형 잡힌 리더의 강인한 인성은 거부할 수 없을 정도로 큰 광채를 발한다.

물론 일과 돈, 시간에 대해 차별화되면서도 반성하는 삶을 산다는 것은 상당한 용기가 필요하다. 이러한 삶을 일관성 있게 이끌어가기 위해서도 용기가 필요하다. 이를 실현하게 되면 직장의 의도에 거슬리는 태도로 보일 수도 있고, 직장에서 소외될 수도 있으며, 편한 것을 좋아한다는 편견으로 인해 이기주의자로 몰릴 수도 있다. M뿐만 아니라 다른 리더들도 이런 편견에 대한 두려움을 피할 수 없다. 이러한 편견으로 직장을 완전히 잃을 수도 있다. 하지만 자신이 확신하는 삶을 선택하려면 이러한 두려움을 극복할 준비가 되어야 한다.

매번 일과 돈, 시간에 대해 스스로 질문해보는 노력도 상당한 용기를 필요로 한다. 자기 삶의 윤곽을 스스로 파악한 리더, 자신의 존재에 대해 확고히 설계한 리더 그리고 일상적인 비즈니스를 넘어선 시각을 갖춘 리더 모두 자신의 삶의 조건에 알맞은 삶을 살아가는 데 용기를 갖춰야 한다. 확신, 내적 조화 그리고 진정한 고민을 기초로 한 삶을 살아가는 사람은 에너지를 발산한다.

자율성을 갖추고 의미 있는 인생에 대한 태도가 무엇인지 아는 사람은 자기 직원들을 단순히 직원 그 자체로 보는 것이 아니라 가치 있는 개인으로서 대하게 된다. 이로써 리더는 자연스레 직원들에게서 인정을 받게 된다. 직원들은 상사의 태도를 직감적으로 느낀다.

자신의 인생을 대하는 태도가 리더십에 어떤 영향을 미치는가?

144

1　소외된 활동, 아니면 그 자체가 목적이 되는 활동을 구별하는 작업을 통해 일이 자신의 삶에 어떤 의미를 부여하는지 극단적인 차이를 경험하게 될 것이다. 일이 자신의 의지와 관련이 깊을수록 훨씬 가치 있는 활동이 될 수 있으며 우리 인생을 더욱 의미 있게 만들어준다.

2　현대의 시간은 돈에 초점을 맞추고 있다. 돈은 목적이 아닌 수단이며, 질보다는 양을 의미한다. 또한 돈은 주관적인 가치보다는 객관적인 가치이다. 우리는 목적을 위해 수단을 필요로 한다. 돈에 대한 집착은 우리가 인생에서 진정으로 중요한 '질'을 볼 수 없게 만드는 방해 요소이다.

3　인생이란 시간성의 의식 속에서 살아가는 것을 말한다. 따라서 균형 잡힌 삶을 살아가야 한다.

4　의식적으로 성찰의 삶을 사는 리더들은 자신을 위한 가치 있는 삶을 살아가고 있다. 동시에 이러한 성찰은 리더 인성에 대한 확신과 강인함을 갖도록 해주며 리더로서 가치를 높이는 데 도움이 된다. 그리고 사람들에게 리더십을 발휘하는 활동 속에서 자신의 삶을 실현하는 용기를 강화시켜준다.

6

책임에 대한 용기

도덕, 양심, 윤리
딜레마에서 탈출하는 방법
이익 또는 양심? 윤리성의 우위를 위한 용기

6 | 책임에 대한 용기

용기란 두려움이 몰려오는 상황에도 놀라지 않고 천하태평한 행동이 아니다. 용기란 그 두려움을 피하지 않고 극복한다는 것을 의미한다. 이렇게 설명한다면 완벽한 용기에 대한 설명이 될까 모르겠다.

증권 투자자도 리스크를 알고 있을까? 물론 그들도 리스크를 알고, 큰 손해를 볼 가능성이 있다는 사실을 알고 있다. 하지만 그들은 그런 두려움을 버리고 과감하게 투자할 줄 안다. 커리어가 뛰어난 사람에게도 경영자 회의가 두렵다. 자신의 전략이 실패할지도 모른다는 두려움에 잠을 이루지 못한다. 하지만 어쩔 수 없다. 그래도 부딪쳐야 한다. 독재자가 전쟁을 선포한다. 자신의 이성은 그의 군대가 패배할지 모른다고 외치고 있다. 하지만 그래도 그는 전쟁을 감수한다. 이 사람들은 과연 용기 있는 사람들인가? 당신은 그렇지 않은 듯하다고 대답할 것이다.

앞에서 용기에 대해 나름대로 열심히 설명을 해봤지만 이런 예를 살펴보면서 아직도 고민의 여지가 남는 것으로 볼 때, 용기의 정의에 대해서 좀더 살펴봐야 할 것 같다는 생각이 든다. 진정한 용기란 언제 어디에서 적용되느냐에 따라 평가가 달라진다. 목표가 무엇이냐에 따라 이를 용감하다, 용감하지 않다고 구별할 수 있다. 우리는 유익한 것을 목표로 하는 용기가 진정한 용기라고 말한다.

역사적 인물 중 용감한 사람은 누구인가 생각해보자. 소크라데스는 진실에 대해 용감했다. 간디는 국제주의 억압에서 독립을 위해 싸웠던 용감한 사람이다. 마틴 루터 킹은 흑인의 인권을 위해 투쟁한 용감한 사람이다. 이런 예만 봐도 용기란 유익한 목적을 가질 때 유효하다는 것을 알 수 있겠다. 이는 결국 도덕적 동기를 가지는 행동이 용감하다는 말이다. 그와 반대로 두려움에 대항한 투쟁이 이기적인 또는 악의적인 목적을 가질 때 용기와는 멀어진다.

R의 경우를 적용해보자. R은 자신의 과제를 수행하고, 더 나은 학습 성과를 위해 용기가 필요하다. 고객 관리 부장 M은 자신의 이기적인 목표가 아닌 직원들을 상대로 인간성 장려를 위해 용기가 필요하다. 이렇게 철학적 사고를 통해서 용기의 도덕적 동기가 제시될 수 있다. 사르트르는 자기 인생의 방향을 선택하면서, 그 선택과 함께 관련자들에 대한 책임도 갖게 된다고 말했다.

하이데거는 '본래의 삶'이란 '책임 속에서 존재하는 삶'이라고 했다. 그렇다. 고대 철학자, 플라톤, 아리스토텔레스는 용기를 하나의 미덕으로 보고, 또한 도덕적 관점에서 바라본다. 그런데 과연 '유익한 것'이란 무엇일까? 용기란 얼마나 거대한 도덕적 영역을 포함하고 있을까? 과연 윤리란 무엇인가? 이 질문들에 대한 답변은 쉽지 않다. 경영학적 태도는 도덕과 어떤 관련성이 있는가? 경영학적 태도와 도덕은 호환성이 있을까? 아니면 항상 그중 한 가지는 희생되어야 할까?

이번 장에서는 이런 질문에 대해서 토론해 보자. 어쩌면 중심 주제에서 약간씩 벗어나게 될지도 모르겠다. 이런 토론을 통해 용기 있는 사람이라면 자신의 태도가 도덕적 동기와 항상 관련되고 있다는 사실을 확인하게 된다.

즉, 책임을 질 줄 아는 용기야말로 리더의 필수 미덕이라고 말할 수 있다.

도덕, 양심, 윤리

이번에는 T라는 부서장을 예로 들어보겠다. 그는 윤리적 갈등 상황에 처해 있다. 경영진은 그가 관리하는 부서에 속한 작은 규모의 서비스 팀을 일 년 안에 분리하겠다는 결정을 내렸다.

그 팀의 과제는 회사의 핵심 비즈니스가 아니고 신전략에도 포함되지 않는다. 이 팀은 세 명의 직원으로 구성되어 있고 모두 230% 업무를 수행하고 있다(일반적으로 세 명이 300%를 수행하는데, 이 팀 직원 중에는 파트타임이 섞여 있다. 예컨대 한 명이 100%, 한 명이 60%, 한 명이 70%를 업무를 수행한다-역주). 이 직원들은 50%는 회사 업무를 맡고, 50%는 회사 외부 고객 업무를 맡고 있다. 경제성으로 따지자면 회사에 어느 정도의 이익을 가져다주고 있는 것은 사실이다.

그러나 재정 면에서 볼 때도 회사의 입장에서는 이 팀을 다른 회사에 넘기는 것이 유리하다. 이 팀의 책임자인 T는 이 분야에서 이 부서를 인수할 의사가 있는 구매자를 찾아야 하는 과제도 떠맡게 된다. 물론 T의 직속 상사는 그에게 세 명의 직원들에게 절대 이런 계획을 누설하지 말 것을 당부한다. 만약 직원들이 이 사실을 미리 알아챘다면 다른 직장을 찾아 나설 게 뻔하다. 또한 회사의 입장은 고려하지 않고 각자의 입장에서 움직이게 될 것이다. 이런 사실이 밝혀지면 직원들의 사기 저하로 업무 능률에 큰 차질이 발생할 수도 있다.

만약 이 팀이 다른 회사로 인수되지 않을 경우 세 명 중 한 사람만 다른 부서의 업무량 50%를 할당 받고, 두 명은 회사를 그만두어야 한다. T는 누가 회사를 위해 남고, 누구를 해고해야 할지 고민해야 할 책임자다. 팀의 인수 여부는 아직 결정되지 않았지만 지금부터 고민해야 할 사항이다.

이 문제는 T의 중요한 과제가 되어버렸고, 그의 양심은 갈등을 겪게 된다. 팀이 다른 회사에 인수되든 그렇지 않든 간에 이번 결정은 그동안 열심히 일해 온 세 명의 직원에게 큰 충격이 될 것이다. 그들은 모두 수년 동안 성심성의껏 열심히 일해 왔으며, 좋은 성과를 내왔다. 또한 팀의 분위기도 인간적이며 따뜻했다.

가장 심각한 문제는 직원을 해고해야 하는 상황이다. 한 직원은 두 아이의 싱글맘이고 다른 한 직원은 이미 50살이 넘었다. 또 다른 직원은 젊고 경영 시각으로 볼 때 회사에 남게 될 가장 유력한 후보자이다. 하지만 이 직원은 다른 직원에 비해 이 회사 근무 경력이 짧다. 또한 그녀는 언젠가는 회사를 그만두고 가정에 충실할 것이라고 말해왔다.

그 무엇보다 T는 사건 발생 후 관련자들이 이러한 변화에 적응을 할 수 있도록 하는 의무가 있고, 이 때문에 마음이 편할 수 없다. 당신이 T라고 생각해보자. 아마도 회사의 경영 입장에서 또는 도덕적 입장에서 이 상황이 좀더 가깝게 느껴질 것이다. 그의 결정은 어떤 입장에 더 중점을 두어야 한다고 생각하는가? 그가 겪고 있는 양심의 갈등에 대해 어떤 충고를 하고 싶은가? 그의 입장에서 '유익한 것'이란 무엇이라고 생각되는가?

T의 입장에 대해 토론할 경우, 우선은 윤리적 입장에서 문제를 바라봐야 한다. 이번 장의 주제는 윤리이기도 하다. 나는 이천 년의 역사를 가진 철학적 전통에서 힌트를 찾아보도록 하겠다. 이를 통해 윤리학과 관련을 맺고 있는 개념이 분명해지고 윤리가 무엇인지 알 수 있을 것이다.

윤리를 이해하는 데 전통적 시각을 가다듬는 것이 필수적이다. 오늘날 많은 공개 토론은 윤리나 도덕을 싼값에 팔아먹는다. 이로써 진정한 윤리의 가치가 떨어지고 있는 실정이다. 우선 도덕, 양심, 윤리로 나누어 설명해보도록 하겠다.

T가 겪고 있는 상황을 얼핏 보면 그의 과제는 별로 어려운 것도 아니다. 상사가 지시한 대로 직원들에게는 절대적으로 비밀에 붙이고, 부서를 인수할 의사가 있는 회사를 찾으면 된다. 만약 인수할 회사를 찾지 못할 경우에는 50%에 해당하는 업무를 닮게 될 한 직원을 선택하고 나머지는 해고하면 된다. 너무나 간단하다.

물론 많은 사람이 자기가 속한 환경의 틀을 깨지 않는 범위 내에서 행동하는 것을 선택할 것이다. 이를 도덕적 단계로 이해하면 된다. 모든 사회나 문화에서는 유효한 행위 규정이 있다. 이 행위 규정에 대해서는 아무도 이의를 제기하지 않고, 또한 이 규정을 따르면 만사가 편하다.

이러한 실질적 규정을 도덕이라고 말한다. 즉 그가 눈에 보이는 규정에 따라 행동할 경우 도덕 수준을 넘어서지 않았다고 본다. 이는 그가 선택할 수 있는 한 방법이다. 비록 T가 자신이 해야 할 과제를 '비도덕적'이라고 생각할지라도 상사의 지시를 따르는 방법인 것이다.

그 다음 단계는 양심이라는 단계이다. 이 단계는 대부분의 사람이 선택하는 일반 선택 사항과는 거리가 있다. T는 아마도 이렇게 말할지도 모르겠다. "경영진이 원하는 대로 행동하기엔 내 양심이 허락하지 않는다. 서비스팀이 해체된다는 사실을 묵인하고 일을 진행하는 것, 그리고 이때 관련자들에게 마치 아무 일도 없는 것처럼 행동하는 것은 이중적 행위다."

T가 이렇게 경영진의 결정을 받아들일 수 없다면 다른 방법을 찾아야 할 것이다. 이 방법은 개인적인 정당성에 대한 감정, 자신의 양심을 근거로 한다. 철학이라는 전통에서는 이를 '에토스(Ethos)'라고 부른다. 에토스란 주관적인 도덕적 의식이라고 해석할 수 있다. 도덕과 에토스 사이에는 하나의 명백한 분리선이 존재한다.

도덕은 상호 주관적이다. 에토스는 개인적인 성향이 더 크다. 공동체적 도덕성은 경험적으로 관찰할 수 있는 반면, 에토스는 그 사람만 알 수 있는 내적 확신이다. 도덕은 사람들의 일반적인 행위를 포함하고 있지만, 에토스는 자신이 해야 할 행위를 정의한다. T가 양심 단계에서 자신의 개인적 확신을 통해 상황을 이끌어나가고자 한다면 정당성의 의무를 갖게 된다. 그 양심의 근거는 무엇일까?

예를 들어 경연진과 T의 도덕적 확신이 서로 일치하지 않는다면 어떨까? 경영진은 자신들의 권력을 기초로 자신들의 입장을 고수하고, T는 T의 양심적 입장을 고수하는 상황이 온다면 어떻게 해야 할까? 이때는 더 나은 논증이 결정에 영향을 미칠 것이다. 이제 개인적인 도덕적 확신이 얼마나 확고한지가 중요하다. 이제 논증의 힘을 갖는 정당성이 필요하다. 이 정당성을 극복하고 올라섰다면, 이제 세 번째 단계에 오르게 된다. 바로 윤리성이다.

윤리성은 개인 정당성의 판단에 대한 논증적인 근거로 이해될 수 있다. 즉 이성을 기초로 특정 상황에서 어떻게 행동하는 것이 좋을지 명백화하기 위한 논증이다. 예를 들어보자. 미래에 대한 잘못된 믿음을 갖게 하고, 그들의 무지를 이용하는 것은 허용될 수 없는 일이다. 그렇기 때문에 당신은 직원들에게 미래에 발생할 수 있는 사건에 대해 알려줘야 할 의무가 있다. 직원들에게 정보를 주고, 경영진의 의사에 이의를 갖는 사람에게는 경영진과 직접 대화할 수 있도록 조처해야 한다.

예를 들어 한 직원이라도 이 사실을 우연히 알아차리고 제일 먼저 새로운 직장을 찾으러 나선다면 비슷한 전문능력을 갖춘 나머지 두 사람에겐 새로운 직장을 찾을 수 있는 기회가 줄어들 것이다. T가 이 문제에 대해 침묵한다면 그는 모든 팀원에 대한 책임을 느끼게 될 것이다.

윤리성을 이론으로 생각하고 구체적인 행동 상황에 대한 처방으로 이해해서는 안 된다. 윤리성이란 행동을 위한 논증적인 정당성을 찾는 일이다. 즉, 토론이 필요하다. 토론은 둘 이상의 개인이 참여한 대화에서 가능하다. T는 예를 들어 경영진, 또는 주변인들과 이 주제에 관해 대화할 수 있다. 정당성의 여부는 자신의 에토스를 점검하면서 발견할 수 있고, 물론 결정은 자신이 해야 한다.

오래된 철학적 윤리성의 전통을 살펴보면 공통점을 찾을 수 있다. 윤리성은 이성을 기초로 한 논쟁으로 이해할 스 있으며, 행동의 정당성 또는 행동의 규정을 목표로 한다. 철학자들이 윤리에 대한 입장과 원칙을 위해 대변했던 것은 옳은 행위를 위한 이성적인 정당성이었다.

철학적 사색이란 이성을 가지고 문제에 대한 유효성을 논쟁하는 것이다. 두 번째 타임아웃에서 내렸던 정의를 기억하는지 모르겠다. 철학은 토론이다. 옳은 행위에 대해 토론하는 것이 바로 도덕 철학, 즉 윤리성과 관련된다.

윤리성이 토론, 즉 대화로서 정의되고, 이론으로 정의되지 않는다는 것이 왠지 이상할지도 모르겠다. 즉 대화가 어떻게 답을 줄 수 있으며 실용적인 사용 방법을 제공할 수 있을까? 답변은 매우 간단하면서도 엄격하다. 오늘날에는 우리의 실제 상황에 대한 완전한 태도를 답변해주는 절대적인 방식은 존재하지 않는다. 신도 아니며, 상사도 아니며, 이를 위한 법칙도 아니다.

답변은 개인적인 내적 확신만이 할 수 있다. 확신은 상황에 따라 조정이 가능하다. 스스로 논증을 찾아야 하고 정당화해야 하기 때문에 힘겨운 과제일 수밖에 없다. 힘이 있는 자가 자기 마음대로 모든 것을 결정하고 실행해 버린다면 윤리성은 그대로 무시된다. 토론의 윤리성은 문제를 해결해주는 방법을 알려주거나 도그마적 도덕성을 말하는 것이 아니다. 이는 지능을 기초로 한 토론을 가능하게 하고, 용기의 결단을 촉구하기도 하다.

윤리성을 위해서는 통상적인 도덕성과 세상을 지배하는 행동 규정을 의심의 시각으로 봐야 한다. 우리는 과연 그렇게 하고 있는가? 삶에서 부딪히는 통상적인 규정에 반항해본 적이 있는가?

아니면 전혀 의심하지 않고 오피니언 리더를 그대로 따르고 있는가? T의 경우 경영진의 지시에 대해 이의를 제기하지 않고 그대로 따라도 된다. 이것은 가장 간단한 방법이다. 한 번 더 자신의 양심을 돌아보고,

정당성을 생각해볼 수도 있다. T는 분명 양심을 돌아보고 있는 사람이다. 그렇지 않았다면 그는 양심의 갈등 상황에 도달하지 않았을 것이다.

딜레마에서 탈출하는 방법

T는 관련 직원들에게 앞으로의 계획에 대해 절대 침묵하라는 경영진의 지시가 마음에 들지 않는다. T는 경영진의 의도를 '거짓말'이라고 받아들이고 있다. 거짓말이란 '거짓을 말하는 것'뿐만 아니라 '진실을 침묵하는 것'이기도 하다. 상사의 지시는 T에게 관련자들에게 아무런 일이 없는 것처럼 행동하라는 것이었다. 사실에 대해 완벽하게 침묵하고 있을지라도 그의 행동은 왠지 어색하고 무엇인가를 암시할지도 모른다. 어쩌면 직원들이 이미 알고 있을지도 모른다는 생각에 어정쩡한 행동을 보일 수도 있다.

이제 윤리 단계에서 경영진의 지시에 대한 논증을 점검해보자. 핵심은 계획에 대해 아무것도 모르는 직원들의 입장이다. 세 직원의 미래가 위협받고 있는 상황이다. 그런데 거짓말은 속는 사람에게 도움이 될 수도 있다. 즉, 나쁜 일이 아닐 수도 있다. 목적은 수단을 신성하게 만든다. 이러한 논증에 찬성한다면 수단이 목적을 성스럽게 하는 상황이 있다는 것을 인정할 수 있을지도 모르겠다. 살인을 일삼는 범죄적인 독재자의 행위를 윤리적으로 판단한다면, 당신은 독재자를 제거하는 것이 정당하다고 말할지 모르겠다.

1944년 그라프 폰 슈타우펜베르크는 히틀러를 저거하려 했다. 이는 윤리적인 판단이었을까? 만약 그의 계획이 성공했다면 수많은 희생자의 목숨을 구할 수 있었을까?

이 질문을 통해 윤리성에 대한 견해가 두 가지로 나뉠 수 있다. 이때 두 입장을 대변하는 그룹으로는 의무론자와 목적론자가 있다. 의무론자들은 목적이 수단을 성스럽게 할 수 없다고 말한다. 행동이나 행동의 규정 결과와는 전혀 상관없이 판단한다. 수단 자체가 윤리적으로 허용되지 않고 금지된다. 살인은 목적이 무엇인지 상관없이 항상 나쁜 행위이다. 거짓말도 자신의 결과와는 상관없이 절대 정당화될 수 없다.

목적론자들은 이와 반대로 행위가 가져오는 결과로서 모든 것의 옳고 그름을 판단한다. 목적론자들은 거짓말과 살인이 금지될지라도 인간의 복지를 위한 것이란 목적을 갖고 있을 때 윤리적으로 정당하다고 본다. 슈타우펜베르크처럼 살인이 필요한 경우 이를 도덕적으로 정당하다고 본다. 의무론자와 목적론자의 차이는 전통적 철학에서 칸트(1724-1804)의 정언명령과 공리주의자 존 스튜어트 밀스(1806-1873)가 아주 잘 설명하고 있다.

칸트는 자신의 윤리학에서 기초적인 규정에 따라 정당한 행동을 찾아 나섰다. 이를 통해 그 유명한 정언명령을 찾아냈다. "네가 하고자 할 가능성이 있다고 생각하는 것을 하라. 그리고 네 행위 규정을 지켜라."

만약 내가 계약 내용을 지키지 않아도 사업 파트너가 이를 알아차리지 못할 것이라고 가정해해보자. 그런데도 그와 약속을 지켜야겠는가? 이때 "지키지 않아도 좋다."라고 답변한다면 이를 통해 나 자신과의 모순에 부딪힌다.

다른 사람과 자신의 입장을 바꿔보고 판단해보는 방법이다. 누가 당신에게 한 행동이 정당하다면 당신도 그처럼 남에게 그런 정당한 행위를 하고 싶을 것이다. 즉, 정언 명령에서 '네'라는 답변이 나올 경우, 남이 자신을 상대로 한 행동을 자신도 남에게 하기를 원한다는 것을 알 수 있다. 정언명령은 항상 입장을 거꾸로 적용해보는 방법이다.

자신의 행동이 정언명령을 통해 정당하다는 답변이 나올 경우 이를 윤리적인 행위라고 판단하면 된다. 자신의 행동이 정언명령을 통해 모순될 경우 그 행동은 정당하지 못한 것이다. 정언명령은 이런 방식으로 행위의 정당성을 판단할 수 있도록 해준다. 결과 하나만이 잘못이 없다는 것을 증명할 수는 없다. 즉, 목적이 수단을 성스럽게 할 수는 없다.

그에 반해 목적론은 결과에 대한 윤리적 판단이다. 여기에서 윤리적이라는 것은 다수 사람들의 행복을 위한 행동이다. 반대로 가능하면 가장 적은 사람들이 고통받도록 하는 행동이다. 밀스는 다음과 같이 말했다. "대다수를 위한 행복의 필요성이나 원칙이 도덕이라고 본다면 대다수의 행복을 장려하는 것이 도덕적이고, 그와 반대되는 경우는 도덕적이지 않다."

목적론 공식은 '최대화의 원칙'을 갖는다. 즉, 가장 최선의 행위 결과인지에 따라 그 평가를 내릴 수 있다. 비난을 받아야 마땅하거나 범죄적인 행동일지라도 윤리적으로 정당할 수 있다. 히틀러를 살해하려고 했던 슈타우펜베르크의 경우도 이에 해당한다. 거짓말이나 살인의 경우에도 의무론과 목적론 사이에 큰 차이를 보인다. 실제로 두 가지 관점에서 볼 때 여러 상황에 따라 윤리성의 판단은 정반대가 될 수 있다.

의무 윤리론이나 목적 윤리론 모두 서로 다른 윤리적 논증이다. 사실 오늘날 순수한 의무론이나 목적론은 존재하지 않는다. 합리적인 판단인가가 중요하다. 부당한 정권에 대항하여 싸우는 대항군이 자신의 동료를 부당한 정권에 일러바친다면, 이는 의무론을 기준으로 볼 때 정당한 행위인가? 목적론적 사회가 다수의 복지를 위해 소수를 희생시킬 수 있는가?

이를 T에게 적용해보자. 경영진의 생각을 그대로 따른다면 어떨까? 목적론을 기준으로 볼 때 이는 어느 특정한 상황에서는 정당화될 수 있다. 하지만 자세히 들여다보면 예민한 부분이 바로 드러난다. 세 직원들의 미래가 달려 있고, 그들은 자신들의 미래에 대해 잘못된 기대를 가질 수 있다. 이미 세 직원이 이 계획을 알고 있으며, 그들이 함께 해결 방법을 찾기 위해 노력한다면 어떨까? 침묵은 관련자들에게 금치산 선고와 같을까? 세 직원의 이익보다는 경영진의 이익이 더 중요할까?

이와 같은 논증을 통해 우리가 얼마나 쉽게 자신에게 속아 넘어갈 수 있는지 알 수 있다. 양심의 갈등에 처하면, 항상 자신을 의심해봐야 한다. 그래서 도그마 같은 방법이 아닌, 시스템적인 방법으로 점검하여 함정에 빠지지 말아야 한다. 이를 가능하게 하는 6단계 점검 방식을 제안한다. 그리고 주의해야 할 내용을 덧붙인다.

1. 딜레마를 명확하게 한다.

양심의 갈등은 항상 딜레마에 빠지게 한다. 모든 행위의 가능성은 도덕적 규정을 거스를 때 생겨난다. T는 경영진의 지시사항을 따를 수 있다. 이때 직원들의 권리는 무시할 수 있다. 또는 직원에 대한 권리에 책임을 지고, 상사에 대한 충성심을 포기할 수도 있다.

만약 그가 상황에 대해 좀더 고민한다면 다른 방법을 찾을 수도 있다. 예를 들어 사표를 써서 이런 갈등 상황을 마무리 지을 수도 있다. 관련 직원들의 이익과 회사의 이익이 서로 대립하고 있다. 이러한 딜레마는 이미 많은 리더가 경험해봤을 것이다.

2. 가능한 행동을 정리해본다.

T가 자신의 상황에서 할 수 있는 것이 무엇인지 좀더 생각해본다면 이 두 가지 방법 외에도 다른 방법이 있다는 것을 알게 될지도 모른다. 예를 들어 경영진에게 세 직원에게 진실을 말하는 것이 어떤지 설득해보는 것이다. 어쩌면 T의 입장을 대변할 수 있는 상사가 있을 수도 있다. 침묵하는 것 외에 다른 방법을 사용해도 된다. 사장과 직접 대화하여 더 나은 해결 방법을 찾을 수도 있다.

어쩌면 회사가 이 팀을 끝까지 책임지는 방안이 있을지도 모른다. 어쩌면 이 방법이 회사나 경영진 모두에게 이득이 될 것이다. 만약 다른 해결 방법이 없다면 T가 세 직원들에게 앞으로 어떤 일이 발생할지를 미리 알리고 함께 고민해도 된다. 딜레마에 빠진 사람들은 여러 가지 가능성이 있다는 것을 보지 못한다. 창조적으로 생각하기 위해 노력하고 주변인들에게서 충고를 얻게 된다면 다른 가능성들이 떠오를 수 있다.

3. 의무론적 브레이크를 밟는다.

사람마다 극단적인 조건을 선택해야 할 때, 원칙적으로 절대 수용하지 않는 행동이 있다. 이때는 아무리 목적이 좋아도 소용이 없다.

T는 두 번째 단계로 신중한 가능성을 찾아봐야 한다. 경영진의 지

시에 대해 거부하지 않으면서 직원들을 완벽하게 속이는 방법도 있다. 이 세 단계를 통해 양심이 허락하지 않는 행위를 하게 되는 상황을 방지할 수 있다.

4. 관련자를 탐구한다.

모든 가능성을 고민해본다. 이 가능성은 누구에게 영향을 미치는가? 긍정적으로 또는 부정적으로, 직접적으로 또는 간접적으로 어떻게 영향을 미치는가 생각해보자. 자신의 행동이 세 직원과 경영진 외에도 다른 사람들과 관련될 수 있다는 것을 간과해서는 안 된다. 우리의 행동은 우리가 생각하는 사람들 이외에 더 많은 사람들에게 영향을 미치기도 한다. 싱글 맘을 해고하는 것은 그 직원의 아이들에게도 영향을 미친다. T의 행동은 팀의 나머지 직원들에게도 영향을 줄 수 있다.

5. 결과를 미리 짐작해본다.

각 관련자에게 T의 행동이 무엇을 의미할지 고민해본다. 이는 T만이 알 수 있다. 그래서 우리의 짐작은 억측이 될 수도 있다. 누구보다도 그들을 잘 알고 파악하는 사람은 T이고, 관련자들에게 특정한 결정이 무엇을 의미하는지 짐작할 수 있는 사람도 T이다.

6. 가장 정당하다고 생각하는 결정을 한다.

물론 결정하는 것은 어려운 과제이다. T는 마지막으로 해야 할 결정과 관련해서 마무리를 한다는 생각보다는 자신의 미래를 걱정할지 모르겠다. 가상적 고민을 통해 결정은 쉬워질 수 있다. 이를 위해서는 미국 철학자인 존 롤스(1921-2002)의 논증을 참고하면 도움이 된다.

존 롤스는《정의론》(1971)에서 정의와 관련된 사회 규정을 구분하는 방법을 연구했다. 롤스의 가장 중심적인 사상은 인간이 어떤 조건에서 정의로운 사회를 설계할 수 있는지에 대한 것이다. 그는 그 조건을 인간이 어떤 역할을 해야 할지 스스로 모르고 있을 때, 다시 말해 무지의 베일에 덮여 있는 상황일 것이라고 설명한다. 그는 윤리적 결정의 상황을 이렇게 보고 있다.

T의 경우 모든 상황에서 잠시 떠나 거리를 두고 결정하는 것도 좋다. 그리고 결정을 한 뒤에 다시 본 상황으로 돌아온다. 이때는 T로서가 아닌 관련자 중 한 명의 입장이 되어 돌아올 수도 있다. 어쩌면 경영진 입장으로, 어쩌면 자기 직원의 입장으로, 또는 T로서 돌아와 있을 것이다. 이러한 행동에는, 자신의 이익만을 위해 행동하거나 가장 쉬운 방법을 찾으려는 인간의 성향이 숨어 있다. 만약 스스로 이 사건에서 한걸음 뒤로 물러선다면 훨씬 정당한 결정을 내릴 수 있을지도 모른다. 만약 내가 그 안에 속한 한 사람이라고 생각한다면, 분명 각 개인에게 부당한 영향을 주는 것을 피하려고 할 것이다. 그 입장이 된다면 상황은 달라 보일 것이다.

윤리적 결정 과정을 이렇게 간단하게나마 설명할 수 있겠다. 실제 상황을 가장 잘 알고 있는 사람은 T이다. 관련자들의 삶, 가치, 업무 영역의 정확한 상황, 비즈니스 세계의 현실과 회사의 입장을 누구보다도 잘 알고 있다. 윤리성은 모든 엄격한 관련성 안에서도 매우 구체적이다. 바로 이러한 이유로 T는 이 문제에 대해서 스스로 결정할 능력이 있으며, 자신의 행동에 대한 책임을 질 수 있다.

결정 과정은 틀에 박힌 것처럼 보이기도 하고, 처방전 같기도 하다. 그래서 마치 기계적인 결정 같아 보이기도 한다. 하지만 이 부분에서

주의해야 한다. 각 결정 가능성에 점수를 부여하고, 각 상황에 따른 긍정적인 또는 부정적인 결과를 기록해본다. 마지막에는 이러한 점수의 총계를 내본다. 그렇다고 해서 이러한 총계가 윤리적 정당성을 의미하는 것은 아니다.

하지만 이러한 과정은 윤리적 딜레마의 구조를 분명하게 보여준다. 그래서 이러한 작업을 통해 옳고 선한 행위를 쉽게 찾아낼 수 있다. 행동에 있어 어떤 가능성이 있는지 고려하고, 관련자의 각 상황을 고려하면서 마지막으로 총체적인, 정당한 결정을 한다. 이러한 과정을 통한 결론은 우리의 양심이 허용하는 것일 것이다.

에토스는 2단계(6장 1절)로서만 충분한 것은 아니다. 여기에서 우리가 착각할 수 있는데, 논증적인 정당성은 필요하다. 3단계는 자기 양심을 통한 확신이 중요하다. 윤리적 결정은 모든 사람 각자의 판단에 기초하고 있다. 이때 물론 각자의 책임과 연관되는데, 법률에서나 사용되는 개념으로 세 가지 관련성이 있다. 사람(1)은 절차(2)에, 자신의 행동(3)에 관한 질문의 답을 준다.

범법자(1)는 판사(2)에게서 자신의 행위(3)에 대한 질문을 받을 경우 자신의 행동을 정당화할 수 있는 답변을 해주고 설명할 수 있어야 한다. 즉, 범법자는 자신의 행위에 대한 책임이 있다. 법률적 책임의 삼각지는 윤리성에 근거한다. 개인(1)은 자신의 행위(3)에 대한 책임이 있다.

그가 답변을 주어야 할 대상인 '절차'란 실제적 법인이 아니라, 공동체 전체이거나 좀더 자세히 말하면 그의 행위와 관련된 모든 사람을 가리킨다. T가 자신의 결정에 대해 책임을 느끼고, 이로써 직접적 또는 간접적으로 관련되는 판단을 스스로 시도하게 된다. 그는 관련자들에게 자신이 왜 이렇게 또는 저렇게 행동해야 했는지에 대한 답변을 줘야 할 의무가 있다. 이로써 윤리성은 책임을 갖게 된다. 결론적으로 아주 간단한 정의를 내릴 수 있겠다. 책임이란 다른 사람에 대한 배려 이상 또는 이하도 아니다.

이제 양심의 갈등을 겪고 있을 때 이러한 갈등과 어떻게 교제해나가야 하는지 대충 감이 잡혔을 것으로 보인다. 당신은 자신의 직감과 양심을 신뢰하는가? 자신과의 논쟁을 통해 문제를 풀어갈 수 있는가? 자신의 양심을 확신하고 가슴 속에서 나오는 결정을 존중하는가? 당신은 주변의 신뢰하는 사람들과 이야기를 나누며, 자신의 윤리적 직감을 검토하고, 윤리적 질문을 기초로 감정과 이성의 조화를 이룰 수 있는 방법을 찾아 나서고 있는가?

이익 또는 양심? 윤리성의 우위를 위한 용기

T의 경우 기업과 관련하여 다음 질문에 대해 고민해볼 수 있다. "경영적 관심과 윤리적 정당성의 관계는 어떤가? 만약 두 견해가 정반대라면? 그렇다면 회사 이익과 윤리성 중 어느 쪽을 따라야 할까?" T의 시각에서는 경영진의 의견이 회사 이익을 위한 입장이라고 볼 수 있을 것이다. 경영진은 회사 이익을 위해 최선을 다할 의무가 있다. 회사 입장에서는 침묵하는 또 다른 동기가 있을 수 있으며 회사 결정이 도리어 직원들에게 이득이 될 수도 있다. T가 윤리성을 의심하는 이유는 경영진이 관련 직원들에게 침묵으로 일관하라는, 정직하지 않은 지시 때문이다.

경영진의 주장은 처음에는 비윤리적인 것처럼 보이지 않았다. 윤리성이란 관련자들에 대한 배려와 책임을 의미한다. 경영진이 내린 지시는 직원을 위한 결정이었다. 실제로 경제, 윤리적 시각이 모두 배제되지 않는다. 윤리적인 태도는 흥미롭게도 경제적으로도 괜찮은 결과를 가져오는 경우가 많다.

일반적으로 직원과 고객, 그리고 공급자가 정당한 관계를 맺고 있을 경우, 이는 경제적 성공의 밑받침이 된다. 기업은 사회 책임과 시장 경제 책임 모두를 갖는다. 이 두 가지는 서로 방해하는 요소가 아니라, 회사 번영에 아주 중요한 기초가 된다.

자신의 일에 만족하고 부지런한 직원들을 확보하고, 믿을 만한 사업 파트너와 관계를 쌓음으로써 고객과 사회에 긍정적인 이미지를 준다. 그래서 기업 관련자들과 주주, 그리고 직원들에게 적용되는 윤리가 있고, 이를 권장하는 경제윤리주의자가 있다. 윤리성이란 성공을 위한 중요한 요소이다. 즉 회사가 더 잘 돌아가게 하는 윤활유와 같다. 이러한 주장에 시각이 좁다고 말하는 사람도 있을 것이다. 하지만 글로벌 경제는 경제 규정을 따라 움직이는 박자가 있고, 시장의 무자비한 강요가 있다는 것을 간과해서는 안 된다.

기업의 책임자가 윤리적 행동과 회사 이익 사이에서 고민할 때, 갈등의 모순은 '비용 문제'에서 그대로 드러난다. 윤리적 행동과 회사 이익 사이에서의 결정은 회사 운영자들에게 상당히 중요한 과제이다. 경쟁사가 직원들의 임금을 줄여가면서 저렴한 제품과 서비스를 공급한다면 우리는 과연 어떻게 반응해야 할 것인가?

만약 한 기업이 사회, 경제적 요구에 전혀 관심을 두지 않으면서 무조건적인 방법으로 제품을 저렴하게 생산할 수 있다면? 인간성은 비용 결과의 희생양이 되어버려야 하는가? 이러한 방식을 회사 경영에 적용한다면 윤리성을 포기하는 셈이 된다. 하지만 오늘날 경제는 가능하면 비용을 줄이고, 매출을 올리고 이익을 최대화하는 것을 가장 중요하다고 본다. 그리고 숫자와 효율성이 전부이다.

하지만 이렇게 양만 중시하는 경향은 질을 희생시키는 위험을 낳는다. 이는 제품뿐만 아니라 관련자들에게도 마찬가지다. 작업 품질, 주주에 대한 정당성, 직원을 대하는 인간성이 바로 윤리성으로, 우리가 말하는 '질'이다. 부서장 T는 회사가 세 직원을 속이고 회사 이익만을 챙기고자 한다고 생각하기 때문에 본인이 경영진의 침묵을 인정할 수 없다는 윤리성으로 갈등하고 있다. 의무론은 이때 회사 이익 창출을 위해 아무 잘못이 없는 직원들을 희생해서는 안 된다고 경고한다. 이러한 해결 방법이 회사에 가장 유익한 선택사항인지가 문제이다.

또 다른 방안으로는 관련자들과 함께 문제 해결 방법을 찾는 것이다. 기업의 지원을 받아 이 팀을 시작으로 서비스 회사를 운영하는 방법도 있다. 당신도 이익과 인간성이 서로 조화를 이루지 못하는 모습을 현장에서 확인한 적이 있을 것이다. 그때 누가 무엇을 대변했는가? 어떤 논증으로 대변했는가? 혹시 그 대변자가 당신이었는가?

경제학자이면서 철학자인 페터 울리히(1948)는 저서《통합적 경제윤리학》(1997)에서 경제적 요구 사항의 당연성과 윤리학적 입장을 동시에 강조했다. 울리히는 "경제성 이전에 윤리성이 우선되어야 한다"고 요구했다. 즉 최대 이익의 원칙 이전에 윤리성이 우선되어야 한다는 것이다. 경제적인 행위는 직원, 자본주, 고객, 공급자 모두에게 이득이 되어야 한다. 정당성이란 정당한 이익을 제공하고 서로 균형을 맞추는 것이다.

주주는 배당 이익에 대한 정당한 요구를 해야 하그, 직원들은 인간적인 직장 분위기와 조건, 정당한 대우와 임금을 요구할 수 있어야 한다. 고객은 제품 품질에 대해 요구해야 하고, 모든 시장 관련자들은 기업의 정당한 태도를 요구해야 한다.

회사는 이익을 추구하는 집단이다. 그러나 회사 이익 최대화를 위해 모든 것을 희생해야 한다는 것은 용납될 수 없다. 통합적 경제 윤리는 이 경우에도 적용된다. 윤리란 옳고 정당하고 선한 행위와 관련된다. 경영이란 효율성, 행위로 표현되는 이성적 경제와 관련된다. 윤리 대상과 경제 대상은 서로 상위 개념과 하위 개념으로, 서로 영향을 주고 받는다. 경영학은 경제적 행위에 초점을 두고 윤리는 그 외 모든 행위와 관련한다. 윤리가 경제적 행위를 포함하는 것은 당연하다.

윤리란 자유 시간을 인간적으로 활용해야 하고, 직장에서 그저 마음대로 행동하라는 이야기가 아니다. 일하는 시간에는 최대 효율성을 발휘하고, 휴일에는 자신의 인간적 가치를 보살필 수 있는 여유를 가지라는 말이다. 회사에서는 열심히 일하고, 회사를 떠나면 좋은 인간이 되라는 것이다. 윤리란 자신의 모든 행위와 관련한다. 윤리란 자신의 행동과 절대 분리할 수 없다. 그리하여 윤리는 이윤 최대화의 원칙에 대항하는 용기를 필요로 한다. 꽹과리를 치고 팡파르를 울리며 호들갑을 떨며 용기를 가지라는 것이 아니다. 확신과 불굴의 의지를 가지라는 이야기다. 특히 다른 사람들의 부당성을 지적해야 한다.

T가 경영진에게 도전장을 내야 한다고 말하는 게 아니다. 그들의 요구를 무조건 받아들이지는 않는 용기를 가져보자는 것이다. 자기 의사를 표현하고 경영진과 상황에 대한 논쟁을 할 줄 아는 용기를 가져보자. 그리고 자기 확신에 대해 두려워하지 않고, 자신의 직원들을 속이는 행위를 거부하는 용기를 가져보자. 이 책이 윤리를 위해 왜 그

토록 대단한 용기가 필요하다고 강조하는지 생각해보자. 한 번 더 말하겠지만 두려움에 단호히 맞서는 것은 용감한 행동이나 여기에 책임이 따르지 않는다면 무의미하다는 사실을 명심하자.

대담하게 위험을 무릅쓰고, 분명한 자신의 생각을 향해 나아가는 것은 용기 있는 모습이다. 간단하게 말하면 윤리성은 용기의 필수 조건이다. 선이 무엇인지 모르는 사람은 용감하다고 할 수 없다. ('선'이라는 정의가 여러 가지 의미를 가질 수 있고, 또한 그 의미가 아직 명백하지 않으므로 특별히 따로 장을 마련하여 설명하도록 하겠다.)

리더라는 역할은 용기의 윤리적 동기, 정직성, 영향력의 주요한 부분과 관련돼 있다. 우리가 알고 있는 역사적인 용감한 리더들-마틴 루터에서 마틴 루터 킹-은 에토스를 통해 카리스마를 발산하고 있다. 일본 스님도 폭력에 대항하여 품위로 무장된 태도를 보였다. 오늘날 기업에서도 마찬가지이다. 에토스와 윤리를 바탕으로 지도하는 상사가 인간성과 정직, 합리성으로 회사 운영에 참여하고 있다면, 자신도 모르는 사이에 직원들에게 리더로서의 광채를 발하게 된다. 용기에서 표현되는 정직성이란 리더 능력의 핵심임을 잊지 말자.

1 윤리성은 자신의 양심을 논증적으로 검토하면서 옳고 선한 행동이 무엇인지 알게 한다. 윤리성의 핵심은 자신의 행위와 관련된 모든 사람에 대한 배려이다.

2 윤리적 딜레마, 즉 양심의 갈등 속에서 다른 사람들에 대한 자신의 행동 가능성과 영향력에 책임을 지면, 모든 관련자에게 정당한 결정을 내릴 수 있다. 윤리성은 양심을 확고히 하는 역할을 한다.

3 윤리적 행동과 경제 활동은 서로 상당한 관련성이 있다. 투자자와 정당하게 교제하는 사람은 기업 이익을 도모하는 것이다. 윤리성을 기초로 한 판단이 이익의 최대화 원칙으로 희생되어서는 안 된다.

4 리더가 윤리적 동기를 기초로 용감하게 행동하면, 자신의 신빙성을 증명하게 된다. 정직성은 강한 확신이며 리더 능력이다.

7
용기와 자유

행위의 자유와 의도 가능성
의지의 자유와 복종
용기의 비밀, 자유

7 | 용기와 자유

기원전 5세기의 그리스 정치 리더 페리클레스는 "자유의 비밀은 용기다"라고 말했다. 이 말은 인간이 자유를 선물로 부여받았을 뿐만 아니라 그 이상으로 보장받고 있다는 핵심을 담고 있다.

그래서 우리는 자유를 결코 놓아버려선 안 된다. 아니, 어쩌면 쟁취해야 하는 것이라고 말하는 게 적절할 것이다. 용기 있는 행동이란 바로 자유를 쟁취하는 것이다. 우리가 그동안 분석했던 리더들을 떠올려보자. 그들은 용기 있게 생각하고 행동했기 때문에 모든 자유를 누릴 수 있었다.

1장의 A는 문제 직원으로부터 영영 자유로워지지 못할 수 있다. 만약 A가 용기를 가지고 문제 직원에게 인내의 한계를 알려준다면 A는 그 문제 직원과의 갈등에서 자유로워질 수 있다. 3장의 L은 부모님에게 종속된 자신의 존재와 커리어의 막다른 길목에서 자유로워질 수 있다.

4장의 R은 자신의 태도를 변화시킴으로써 학생들에게는 미움을 살지 몰라도 자신의 수업을 진행하는 데 자유를 얻게 된다. 5장의 M은 용기를 통해 얻은 자유로 언젠가 끝날지 모르는 자신의 인생을 되돌아보고, 이로써 삶의 여유를 갖게 될지 모른다. 6장의 T는 자신의 용기 있는 태도로 윤리적 딜레마에서 벗어날 수 있을 것이다. 용기가 주는 선물은 항상 자유이다.

페리클레스의 "자유의 비밀은 용기"라는 말은 너무 간단해 보인다. 모든 것이 안정된 상태, 즉 리스크를 생각할 필요가 없는 상황에서 용기를 요구하는 일은 너무 쉽고 간단해 보이기만 한다.

용기 있게 시도하는 행동으로 하루아침에 직장이 날아가 버릴 수 있다. 직장에 소속돼 있다는 건 이처럼 아슬아슬한 일이다. 직장을 잃을지도 모르는데 용기를 가지라는 말은 바보스럽기도 하고 무책임한 것 같기도 하다.

관련자 입장에서 보면 더 심각하다. 요즘같이 각박한 세상에 용기는 무모함과 다름없다. 과연 리더들이 용기 있게 행동할 만큼의 자유를 가지고 있을까?

페리클레스가 말하는 것처럼 자유는 용기에 대한 보상일 뿐만 아니라 용기의 전제 요건이기도 하다.

자신의 행동에서 자유롭지 않은 사람은 용감할 수 없고 생각에서도 자유롭지 못하다. 이번 장은 페리클레스의 논제로 시작했다. 아울러 용기가 자유를 위한 기본 단계임을 제시하면서, 자유가 무엇을 의미하는지 설명해보도록 하겠다. 이러한 근거를 통해 오늘날 책임이 큰 역할을 수행하는 리더들이 얼마나 '자유'와 친한 사이인지도 짐작해볼 수 있을 것이다.

당신은 다음 질문에 대해 한 번쯤은 고민해봤을 것이다. 현대의 발전된 경제 환경은 사람들에게 자유를 주고 있는가? 경영인들은 경제 원칙에 따라, 아니면 기업 전략, 시장 법칙에 따라 움직이는 탁구공인가? 당신은 과연 자유로운가? 집에서 쉬는 시간이 아닌 직장에서도 자유롭다고 느끼는가?

행위의 자유와 의도 가능성

자유가 진정으로 의미하는 것이 무엇인지 인식하기란 쉽지 않다. 인간은 자유로운 존재인가에 대해 의문을 갖게 되면 그 답변은 더욱 어려워진다. 이러한 주제는 주로 인식학에서 토론되고 있다. 신경생물학, 철학, 심리학 그리고 그 외의 학문들이 협력하여 연구하는 분야로서 뇌와 신체, 정신과 물질세계, 의식과 행동이 어떻게 서로 작용하는지를 이해하기 위한 시도가 진행되고 있다.

신체와 영혼의 관계에 대한 연구는 데카르트(1596-1650) 이래 현대의 긴장되는 정신적 모험 중 하나이다. 인간의 자유라는 주제는 이러한 학문에 핵심 역할을 하고 있다. 현재 토론되는 내용은 얼핏 보기에 잔인하기까지 하지만, 논쟁의 여지는 충분히 있다. 이를 대변하는 사람들마저도 논쟁을 위해 정말 필요한 개념이 무엇인지를 명백하게 설명할 수 없을 정도이다. 자유에 대해 논하고자 한다면 어쨌든 자유가 무엇인지를 가장 먼저 이해해야 할 텐데 말이다.

베를린에서 활동하는 스위스 철학자 페터 비에리(1944)는 저서《자유의 수작업》에서 자유를 연구하기 위해 표준 방식으로 개념적 사전 준비 작업을 실시했다. 그는 우선 희망과 의지를 구분했다. 인간은 많은 것을 희망한다. 하지만 희망하는 것을 모두 행동으로 옮기지는 않는다. 예컨대 프랑스 남부지방의 꼬트 다쥐르(Côte d'Azur)에 요트를 하나 마련하고 싶은 희망과 대기업에 CEO가 되고 싶다는 희망이 있다고 해보자. 그렇다면 당신은 이를 위해 무엇을 하겠는가?

바라는 것이 행동에 영향을 주지 않을 때 이것은 단순히, 말 그대로 희망일 뿐이다. 하지만 희망이 행동에 영향을 준다면 이는 '의지'이다.

이제 자유를 살펴보도록 하자. 비에리는 그 다음 단계로 외적 자유와 내적 자유를 구분했다. 외적 자유와 내적 자유는 철학에서 행위의 자유, 의지의 자유라고 표시된다. 행위의 자유는 인간이 자신이 원하는 것을 할 수 있는 자유를 뜻한다. 감옥의 수감자가 느리지 못하는 '움직임에 대한 자유'가 그 예이다.

수감자는 감옥을 벗어나 움직이고 싶지만 그럴 수 없다. 몸이 마비되어 행동이 자유롭지 못한 환자도 마찬가지다. 수감자나 환자 모두 자신이 원하는 움직임에 있어 제한된 상태다. 즉 행위의 자유를 상실했다. 물론 정상인, 일반인에게도 완전한 행위의 자유란 없다. 항시 여러 가지 조건은 우리의 움직임을 제한하고 있다.

예를 들어 백 미터를 6.5초에 달리지 못하는 것은 인간의 생체적 조건으로 인해 행위가 제한되는 경우다. 한국 대통령이 되지 못하는 것은, 한국 사람이 아니라는 것이 하나의 이유가 될 수도 있고, 대통령이라는 직위에 적합한 능력이 없다거나, 대통령이 되고자 하지 않기 때문일 수도 있다.

외적 환경만 우리 행위의 자유를 제한하는 것은 아니다. 우리의 의지도 행위의 자유를 제한하는 중요한 요소이다. 행위의 자유란 당신이 원하는 목표를 향한 자유이다. 만약 목표에 대해 관심이 없다면,

이때 자유롭다거나 자유롭지 않다고 하는 말 자체는 의미를 잃는다. 중국으로 이민을 가는 것에 대해 전혀 관심이 없다면 중국으로의 이민을 논하면서 자유롭다 또는 자유롭지 못하다고 말하는 것은 우스울 뿐이다.

행위의 자유는 의지와 관련한다. 몸이 마비된 환자는 과연 움직일 수 있기를 바랄까? 어쩌면 환자는 움직이기를 희망할지 모른다. 또는 희망을 버린 지 너무 오랜 시간이 지났기 때문에, 움직이는 것 자체를 생각하지 않고 있을 수도 있다. 이때 그의 의지가 자유로운지 그렇지 않은지가 문제이다. 자신이 원하는 것에 대한 의지를 가지면 실행된다고 할 때, 과연 그는 일어나려는 의지를 갖고 있기는 한 걸까?

행위의 자유란 의지의 자유와 직접 연관된다. 앞으로 의지와 자유의 관계를 좀 더 살펴보도록 하자. 우선 우리가 원하는 의지가 이성을 기초로 하는 것이란 가정에서 시작해보자.

오늘날 리더들은 자신들이 원하는 것을 모두 할 수 있다고 생각하는가? 그에 대한 조건은 매우 부실하다. 지난 몇 년간 분위기는 더 나빠졌다. 찬바람이 쌩쌩 분다. 매번 바람이 부는 방향도 다르다.

미국 사회학자 리차드 세넷(1943)은 저서《신자유주의 '유연성'의 인간성 파괴 *The Corrosion of Character*》(1998)에서 이러한 현대 경제의 기본 조건을 연구하며 인간의 인격 구조를 통해 새로운 형태의 자본주의를 설명한다. 세넷의 분석을 다음 논제로 요약해볼 수 있다.

1. 세계화 시대의 마술 언어는 융통성이다.

속도, 전략, 회계 기한, 제품 수명의 단기화, 지속되는 변화와 합병 그리고 회사 소재지의 변경은 과제 수행 능력 그리고 작업 장소나 조직 형태와 같은 여러 분야에서 융통성을 요구하고 있다.

2. 이렇게 빠른 변화는 환경에서는 신뢰, 신용, 의리 그리고 장기적인 목표를 위해 꾸준히 노력한다는 것 자체가 어려울 수밖에 없다.

이러한 환경은 인간의 감정적 드리프트(Drift)의 원인이 된다. 그리고 이런 불안정한 상태는 오늘날 당연한 사실로 받아들여진다.

소재지 변경, 직위 변경, 구조 변경과 같은 항상 변하는 환경 속에서는 모든 것이 단편적인 이력으로 간주된다. 우리의 선조들이 중시했던 인생을 논하고, 서로 연관성을 통해 의미를 찾는 상호 이해는 무의미해진 지 오래다. 세네트는 '인격 파괴 그리고 이를 통해 피할 수 없는 결과'를 염려한다.

3. 융통성은 새로운 자유를 약속해주는 것처럼 보인다.

하지만 융통성이 주는 것은 '허상의 자유'이다. 권력은 사라지지 않는다. 하지만 융통성 있는 네트워크에서 사라져버린 것처럼 보인다. 권력은 효과적인 관리 시스템의 도움으로 더 견고해지고 있다. 그래서 그 권력의 실체를 찾기도, 파악하기도 힘들다.

4. 세네트는 자본주의를 불안전한 것으로 본다.

리스크란 일상의 필수 요소이다. 리스크를 짐작하는 일은 어려운 일이다. 자본주의는 이익을 보장해주지 않으면서도 우리에게 그 리스크에 접근하도록 강요하고 있다.

5. 이러한 구조는 '지체된 보상'의 방법으로라도 기능을 수행해냈던 직업 세계의 에토스를 부식시킨다.

매번 짧은 시간 내에 보상이 취소된다면, 누가 오랜 기간 동안 꾸준한 노력을 통해 이룰 수 있는 일에 가치를 두겠는가? 이렇게 앞을 내다보기 어려운 경제의 특성으로 인해 책임은 의미를 잃어가고 있다.

오늘날 기업의 관리자들은 권력은 있지만 권위는 없다. 이는 권력에 대한 책임만 있다는 이야기다. 소네트는 미국 경제가 지난 20~30년 동안 어떻게 변했는지 설명하고 있다. 많은 것이 현재의 경제와 일치한다. 그가 스케치한 경제의 변화 모습을 통해 빠르게 움직이고, 유동성 있는 단기적 경제를 볼 수 있을 것이다. 이 책에서 우리가 다루는 상황이나 그와 관련된 리더들의 사정도 모두 비슷하다.

이러한 환경에서 당신의 행위의 자유 범위는 얼마나 큰가? 리더의 행위의 자유가 오늘날처럼 큰 적은 없었다. 세네트가 제시하는 유동적 자본주의 경향은 리더들의 행동 가능성을 절대 제한하지 않는다.

오늘날 우리 리더들은 현재 상황을 딜레마로 간주한다. 실제적인 행동 옵션의 범위는 융통성뿐이다. 단기성 또는 리스크의 친화도, 현대적 자본주의의 감정적 드리프트로 제한되지 않는다. 행위의 자유에 대해 비에리의 정의 그대로 이해한다면, 유동적 경제 속에서도 예전처럼 행동의 자유를 그대로 누릴 수 있다는 점을 알게 될 것이다.

당신은 원하는 것을 계속하면 된다. 어쩌면 전 세대나 그 이전 세대보다도 더 자유로울 수 있다. 유동성과 빠른 변화는 우리에게 더 많은 새로운 가능성을 가져다주고 있다. 고객관리 부장 M의 경우 경영진의 압력으로 힘이 들어도 이에 대항할 수 있는 자유를 가지고 있다. 이미 언급했던 것처럼 주당 42시간만 일하면서 자신의 일을 직원들에게 위임하거나, 인원 보강을 요청하거나, 새로운 일자리를 찾아봐도 좋다.

L은 부모님의 계획에 반대하거나, 스스로 사표를 던지고 자신의 회사를 설립할 수 있는 자유가 있다. T의 경우는 직원들에게 비밀로 하라는 경영진의 요청을 거부하거나, 구조 조정에 대해 논쟁을 시작해보는 것도 좋다. 융통성 있는 자본주의는 현대적인 직장인들에게 이전에는 불가능했던 추가 가능성들을 제공해준다

오늘날 직장을 여러 번 옮기는 것은 이상한 일이 아니다. 직장을 선택할 수 있는 폭이 넓어지고 다양해졌다. 사회적 가동성 그리고 지속적으로 교육을 받을 수 있는 가능성을 통해 새로운 기회가 많아졌다. 중부유럽만 살펴봐도 오늘날만큼 다양한 활동의 가능성이 존재한 적은 없었다. 리더 역할을 하고 있는 전문 교육을 받은 사람들은 더 큰 가능성을 누리고 있다.

요컨대 리더들은 어디서나 자유를 누릴 수 있다. 우리는 원하는 것을 모두 할 수 있다. 그런데 왜 아무것도 하지 않고 우물쭈물하고 있는지 모르겠다. 현재 처한 상황을 딜레마라고만 생각하는 이유가 뭔지 모르겠다. 답변은 바로 당신 손 안에 있다. 두려움이 당신을 움직이지 못하게 꽁꽁 묶고 있는 것이다. 그동안 여러 가지 문제를 분석하면서 우리는 남에게 비난받을지도 모른다는 두려움과 인정받지 못할지도 모른다는 두려움이 우리를 붙잡고 있다는 것을 알았다.

이로써 중대한 시각을 숨기고 있는 셈이다. 상대방이 당신의 행동에 만족하지 않는다면 어떻게 할까? 상사는 자신의 지시를 따르지 않는 당신의 의견을 받아들이지 않고 당신의 저항에 대해 복수를 할지도 모른다. 어떻게 해야 하나?

이런 생각이 떠오르는 상황이 오면 자유는 논쟁의 주제가 될 수 있다. 이제 행동의 실제 결과가 고려되어야 한다. 진정한 행위의 자유는

행동이 결과에 대해 책임을 질 수 있는가에 달려 있다.

만약 부서장 T나 고객 관리 부장 M이 상사의 지시나 기대를 거역한다면, 능력을 인정받지 못하고 다른 직위로 물러나야 할지도 모른다. 그들의 커리어가 크게 지장받을 수 있다. 가장 심각한 상황은 물론 해고당하는 것이다.

직장인 대부분은 언젠가는 직장을 잃을지도 모른다는 두려움을 가지고 산다. 그래서 우물쭈물하고 소심해지고 용기를 잃는다. 우리는 가장 심각한 결과가 해고라는 것을 알고 있다. 용감한 행위를 하고자 할 때 우리가 가질 수 있는 가장 큰 두려움은 바로 해고를 당할지 모른다는 점이다. 실업자가 된다는 두려움을 극복한다는 것은 정말 어려운 일이다. 아무리 용기가 중요하다 할지라도 실제로 해고라도 당하게 된다면 상황은 암울해진다.

옳은 행동을 하기 위한 용기란 자신의 직장을 위험에 빠뜨리게 하는 무모함을 의미하기도 한다. 리스크가 크다. 결과를 짐작하는 것도 어렵다. 열심히 머리를 굴려본다. 눈면 용기를 요구하는 것이 야비하기까지 하다.

당신은 이러한 두려움이 일상 행동에 영향을 미치는지 생각해본 적이 있는가? 직장을 잃을 수 있다는 두려움이 얼마나 큰지 생각해보자. 직장을 잃을지도 모른다는 두려움을 가지고 어떤 리스크에 도전할 수 있다고 생각하는가? 당신은 실제로 리스크에 도전하고 있는가?

이 두려움은 주로 물질적 안정과 직결된다. M, T, L이 봉착한 문제는 그 문제만이 전부가 아니다. 그들 모두 가족을 부양해야 할 의무가 있어 그들의 두려움은 더 클 수밖에 없다.

직장이란 5장에서 설명했던 것을 넘어서 일 자체가 목적이 되고 만족스러워야 하며 삶의 의미와 일치해야 한다. 직장을 잃거나 오랫동안 실업자 생활을 하게 된다면 삶은 큰 위기에 빠질 수 있다. 실업자가 된다면 물질적인 이유뿐만 아니라, 자기 존재의 의미를 상실할 수 있다.

직장을 잃고 실업자가 되면 세네트가 언급했던 것처럼 자신이 스스로에게 부여했던 가치가 위협받는다. 대부분의 시간을 함께 보내는 직장 사람들과의 연관성도 무시할 수 없다. 직장에서는 개인적인 친구도 생긴다. 이러한 연결고리는 새로운 직장을 갖게 될 때 새로운 터전에서 다시 보충될 수 있다. 하지만 세네트가 자신의 예에서 언급했던 것처럼 그동안 확고히 해왔던 연결고리가 끊어지면, 인생은 연속성을 잃고 방황하게 된다. 당신도 이런 경험을 해본 적이 있을 것이다. 그동안 자신의 삶과 관련했던 단단한 연결고리를 잃는다는 것은 참으로 힘겨운 일이다.

인간관계를 형성하려면 오랜 시간이 필요하다. 항시 그 관계를 잘 보살펴야만 신뢰할 수 있는 인간관계가 형성된다. 직장을 바꾸거나 다른 지역으로 옮기게 되면, 적응이 쉽지 않은 것은 당연하다.

M이나 L의 직장이 바뀌면 그들 가족 또한 함께 다른 지역으로 이주해야 한다. 그리고 가장과 함께 큰 변화를 감당해야 한다. 이렇게 가장이 직장을 잃게 되면 단순히 부차적인 조건만 달라지는 게 아니라 본인과 가족들의 기본 조건들이 타격을 받는다. 그래서 사람들은 직장을 잃는 것을 두려워한다. 그리고 이를 두려워한다는 것은 놀라운 일이 아니다.

자유를 위협하고, 큰 용기를 요구하는, 해고라는 단두대는 어느 누구도 쉽게 받아들일 수 없다. 물론 이전 세대보다 오늘날의 리더들에게는 해고라는 리스크가 특히 더 충격적이다. 이들 역시 일반 직장인과 마찬가지로 언제 닥칠지 모르는 해고라는 낱말 앞에서는 불사신이 될 수 없다.

또한 현대의 경제 환경은 인간에게 강요하지 않는다. 행동의 자유를 금하거나, 빼앗아가지도 않는다. 하지만 자신이 원하는 것과 주변인이 원하는 것이 마찰을 빚을 수는 있다. 경제학자이면서 철학자인 페터 울리히(1948)는 저서《통합적 경제윤리》에서 행동 주체에게는 본래적 강요란 존재하지 않는다고 말했다.

인간은 기계가 아니다. 그래서 무조건 법칙만 따를 필요는 없다. 경제 시스템이 움직이려면 그 관련자들이 움직여줘야 하고, 이러한 조건 하에서만 경제 시스템이 돌아간다. 하지만 모든 사람은 자신이 원하지 않는 것을 거부할 자유가 있다. 엄격하게 말하면 본래적 강요는 없다. 중요한 것은 스스로 원하는지, 원하지 않는지를 아는 것이다.

자유란 자신이 원하는 것이 무엇인지를 사고하고, 이러한 사고를 기초로 행위를 결정하는 것이다. 용기란 어원적으로도 스스로 원하는 것과 관련한다. 용기를 보여준다는 것은 항상 자신이 무엇인가를 원한다는 것이다.

자신이 스스로 원하고 있느냐와 관련된 질문은 L에게도 해당한다. L은 수년 동안 열심히 일해 왔다. 그럼에도 불구하고 왜 부모님에게 자신의 요구사항을 표현하는 데 주저하는 것일까? 아니면 새로운 시작을 위해 모든 리스크를 감당할 용기를 낼까? 아니면 부모님의 영향에서 영영 벗어나지 못하고 동생과 함께 회사를 경영할까?

부서장 T는 경영진과 맞대결하여 자신의 직장을 포기해야 할지도 모른다는 가능성을 받아들이고 이를 행동으로 옮길까? 자신의 양심이 허락하지 않음에도 세 직원에 대한 경영진의 조처를 따르지는 않을까?

고객관리 부장 M은 가족과의 삶을 포기한 채 지속적으로 일만 열심히 하는 삶을 원하고 있을까? 아니면 커리어를 포기하고 좀더 가족을 위한 삶을 살기를 바라고 있을까? 또는 모든 리스크를 걸고 새로운 직장을 찾아 나설까?

엄격하게 말했을 때, 이들은 모두 행위의 자유가 있다. 그들의 행동은 자신들이 원하는 것을 기초로 결정되어야 한다. 원하는 것이란 자유에 대한 값이다. 이러한 결정을 위해 우리는 용기가 필요하다. 용기가 더 필요하다는 말은 그 원하는 정도가 그만큼 강력하다는 뜻이다.

반대로 원하는 것에 대한 열정이 크다는 것은, 더 큰 용기를 필요로 한다는 말이다. 스스로 원한다는 감정이 자신의 결정에 얼마나 큰 영향을 주는지 이미 알고 있을 것이다. 자신의 선택이 무엇인지 알고, 자신이 원하는 것에 대해 스스로 얼마나 준비된 상태인지 알려면 더욱 큰 용기가 필요하다.

이를 위해 자신이 두려워하는 상황이 발생할 수 있다는 것을 미리 알고 준비해야 한다. 포기하거나 가장 간편한 길을 선택하는 것 대신에 자신의 두려움을 직시하고 이에 대해 자신과의 논쟁을 시작해야 할 것이다.

의지의 자유와 복종

행위의 자유란 총체적인 자유가 아니다. 행위의 자유는 "자신이 진정으로 원하고 있는가?"라는 질문에 답할 때 분명해질 수 있다. 즉 자신이 정말 원하는 것이 무엇인지에 따라 달라진다.

행위의 자유, 다시 말해 내가 원하는 것을 할 수 있다면 문제는 간단해진다. 실제 상황에서 가능한 그 무엇인가를 자신이 원하고 있어야 한다. 만약 몸을 움직일 수 없는 환자가 간단한 스틱 조작이 가능한 자동 휠체어를 타고 다니는 것을 원한다면 그는 행동에서 자유로운 사람이 될 수 있다. 수감자라 할지라도 자신이 감옥에 있는 것으로 충분히 만족한다면 자신의 행동에 있어서 자유로운 사람이다.

리더들은 자신이 해야 하는 것만 원해야 한다. 자신이 할 수 있는 범위에서 움직이든지, 아니면 자리를 떠나는 것 둘 중 하나만 선택할 수 있다. 두 가지 모두가 가장 쉽게 딜레마에서 벗어나는 방법이다.

현실에 맞는 의지를 선택하면 우리는 행위의 자유를 보장받게 된다. 쉽게 말해 원하는 것을 손에 넣을 수 있다. 실제 상황에 맞는 의지는 어디서나 행위의 자유를 얻게 해준다. 하지만 속임수는 결코 우리를 자유롭게 하지 못한다. 진정한 자유란 현재 상황에서 우리의 의지가 정당화될 수 있을 때 가능하다. 진정한 자유란 무엇일까? 행위의 자유 그것보다 훨씬 더 높은 수준의 것이다.

진정한 자유는 우리의 의지가 자율적일 때만 누릴 수 있는 것이다. 외적인 자유가 아닌 내적인 자유가 바로 진정한 자유이다. 과연 우리의 의지는 얼마나 자유로운가? 이 질문에 대해 우리의 자율성이 스스로 답변할 수 있도록 해보자. 페터 비에리는 자신의 행동이 규정하는 의지가 자신이 원하는 의지와 일치할 경우 '의지가 자유롭다'고 보았다. 의지의 자유란 무엇인가를 원하는 자신의 의지이다.

중독자를 예를 들어 의지가 무엇인지 살펴보도록 하겠다. 줄담배를 피우는 사람이 두 가지 희망 속에서 갈등하고 있다. 담배를 계속 피우고 싶다. 담배를 끊고 싶다. 흥미롭게도 담배를 계속 피우고자 하는 희망이 항상 승리하고, 결국 담배를 끊지 못한다.

마약의 경우는 더욱 어렵다. 마약을 끊고자 하는 의지는 실천에 옮기는 행위까지 도달하지 못한다. 마약 중독자가 원하는 마약을 끊고자 하는 희망은 절대 실현되지 못한다.

담배를 잡을 때마다 그것을 끊고 싶은 희망을 갖는다. 원하지 않는 행위면서도 이를 멈추지 않고 계속하는 것은 '원하지 않으면서도 하고자' 하는 그의 의지이다. 중독자들의 의지란 이렇게 자유롭지 못한 성향이 있다.

그와 반대로 담배를 끊고 마약을 끊는 사람은 '의지의 자유'를 실현하는 사람이다. '마약을 끊고자 하는 의지'가 마약을 하고자 하는 희망을 이긴다. 행동에 영향을 주는 희망 쪽이 의지를 실현하도록 한다. 중독에서 벗어나도록 하는 의지는 자유로운 의지이다.

자신이 정말 원하기 때문에 그 의지가 승리하도록 하는 것이다. 의지의 자유란 자신의 의지가 정말 원하는 그 의지를 따르는 것이다. 그와 반대로 의지가 자유롭지 못하다는 것은, 자신이 정말 원하는 의지가 아님에도 그 의지를 따른다는 말이다. 매번 담배를 피우지 말아야겠다고 하면서도 담배를 잡는 것, 싫으면서도 협박하는 자에게 돈을 주는 것, 싫은 과제를 억지로 하는 것, 이것은 자유를 잃은 자들의 습성이다.

의지의 자유도 행위의 자유에서처럼 똑같이 유효하다. 절대적인 것은 없다. 상황은 매번 다를 수 있다. 자신의 경험, 가능성, 능력, 의식의 한계 등 자신이 할 수 있다고 상상할 수 있을 때 자신이 하고자 하는 의지를 가질 수 있다.

만약 L의 경우 부모님의 회사를 포기하고 자신의 회사를 설립하는 게 별 의미가 없는 일이라면 이는 그의 행동이 선택할 사항이 아니다. 교사 R의 경우 그녀가 자신의 학급에 대한 엄격한 규정을 만들겠다는 생각이 전혀 없다면, 학급에 대한 새로운 규정은 아무런 의미가 없다.

물질적인 세계, 사회적인 세계의 사실은 개인 의지의 자유를 제한하고 있다. 그리고 우리가 이 사정을 바꿀 수도 없다. 이때 잊어서는 안 될 중요한 사항이 있다. 바꿀 수 없는 것이라고 생각하는 것 또한 자신의 생각일 뿐이다. 그리고 자신감이 없어서 그렇게 믿고 있을 뿐이다.

비에리는 역설적인 개념으로 '자유로운 의지에 제한된'이란 표현을 사용했고, 이로써 의지의 자유는 자신의 의지가 제한하는 범위 내에서, 하지만 한정되지 않은 범위 내에서 가능하다고 했다. 이 범위를 결정하는 사람은 바로 '자기 자신'이다. 환경도 내적, 외적 강요도 그리고 옳고 그르다는 기준도, 일반적인 관습도 아니다.

인간으로서 자기 자신은 주변 환경의 여러 가지 규정, 외적 영향, 내적 의지, 자신의 희망과 가치와 의식적인 관계를 맺어간다. 행동하면서, 고려하면서, 사고하면서, 고민하면서 결정하면서 자신은 의지의 자유를 실현한다. 자신은 특정한 의지에 대해 '네'라고 대답할 수 있다. 자신은 특정한 희망을 의지로 전환할 수도 있다. '의지의 자유'는 이렇게 아주 특별한 방식으로 제한할 때 가능해진다.

요컨대 비에리가 언급했던 '우리의 생각과 판단'으로 제한하는 방법이다. 이와 반대되는 절대적이며 조건 없는 자유란 내적 조건이나 외적 조건에 전혀 얽매이지 않는 순수한 '자의'인데, 왠지 극단적으로 들린다. 이 이야기가 경영인들에게는 무엇을 의미할까? 또는 일반인들에게는 무엇을 의미할까? 의지의 자유란 현대 경제 사회에서 무엇을 의미할까? 자신의 생각과 평가가 자신의 의지를 규정한다면, 자기 자신은 정말 스스로 무엇을 원하는가를 알아야 하지 않을까? 이때 다른 사람들이 무엇을 옳다고 하고, 경영진이 어떤 결정했든지 간에 자신이 옳다고 판단하는 것이 무엇인지를 찾기란 쉽지 않다.

방향을 결정한다는 것은 오직 자신만의 인생 콘셉트일 수 있다. 자신이 생각하는 의미 있는 인생의 설계, 가치와 제도, 행복한 인생에 대한 콘셉트 등 5장에서 토론했던 주제들이다.

자신이 원하는 것이 진정 무엇인가에 대한 질문은 무자비해 보이기까지 한다. 어떤 미래에 대한 기대가 자신의 인생 콘셉트와 일치하고, 어떤 기대가 인생의 콘셉트에 적절하지 않은가? 구엇을 하든지 항상 기회비용이라는 것이 따른다. 직장을 위해 모든 것을 바치는 사람이라면 고정된 지역에서 안정된 삶을 누리고, 가족과 충분한 시간을 함께 보내는 것을 포기해야 한다.

직장에서의 활동에서 정직성이 무엇보다 중요하다면 대단한 커리어는 어느 정도 포기해야 할 것이다. 자신의 두려움을 기준으로 선택하는 것은 용기 없는 행동이다. 자신의 인생에 정말 중요한 것이 무엇인지 알고 이를 기준으로 결정을 내릴 수 있는 것은 용기 있는 행동이다. 그래서 무자비하다.

당신의 인생에서 스스로 결정했던 한두 가지 경험을 되돌아보자. 혹시 자기 안에 존재하는 여러 가지 기대 사항에 대래 고민해본 적이 있는가? 기억을 더듬어 보자. 뭔가 큰 것을 포기하고 다른 것을 선택한다. 기회비용을 지불하지 않고 얻을 수 있는 것은 별로 없었다는 사실을 깨닫게 된다.

기대의 문제가 이렇게 극단화되면 여러 가지 선택 사항이 나타난다. 이때 항상 A나 B가 선택 사항 전부가 아니다. L의 결정으로 가족과의 관계가 산산이 무너지거나, L이 조건 없이 부모님의 요구에 그대로 순응하여 가족의 평화가 유지될 수도 있을 것이다. T는 회사 경영진에 맞서거나, 아니면 무조건적으로 복종할 수 있다. M은 스트레스를 받으면서도 경영진의 의견에 동조하여 그들이 원하는 대로 일을 진행시키거나, 직장을 옮길 수 있다. 그러나 이 선택 사항이 전부가 아님을 주의하자. 그 외 많은 가능성이 존재할 수 있다.

L은 가족들에게 단호한 모습을 보이고, M은 인원 보강을 요청할 수도 있다. T는 용기 있게 경영진과 논쟁을 벌여도 된다. 이러한 행동의 다양성, 생각했던 방법, 또는 생각도 못 했던 방법을 통해 제한된 의지의 자유 영역에 자유를 줄 수 있다. 즉 가능한 행동들에 대해 사고하고 비교하면서, 자신이 원하는 것을 선택해본다. 자신이 인식하는 의지는 자기 생각을 통해 의식하는 내면의 판단을 기초로 해야 한다. 이로써 자신은 자유로워질 수 있다.

용기를 포기하게 만드는 두려움은 유동적 자본주의와 관련되어 있다고 세네트는 말한다. 이러한 두려움 때문에 많은 사람은 직장에서의 행동에서 자유를 누리지 못하고 있다. 그래서 세네트는 이를 '허상의 자유'라고 했다. 오늘날 전문 직업인이나 리더들은 이전 세대보다 훨씬 큰 행위의 범위, 다시 말해 더 큰 자유를 제공받고 있다. 하지만 이 자유가 허상인 이유는 행동 자체가 유동적인 경제의 틀에 맞춰져야 하기 때문이다. 고객 관리 부장 M과 부서장 T는 모든 행위의 자유에 있어서 자신들의 행동 결과를 스스로 짊어져야 한다. 세네트는 주변 환경의 반응을 통한 결과는 유동적인 자본주의 정신과 관련돼 있다고 지적한다.

M과 T는 유동적인 자본주의 정신이 무엇인지 너무나도 잘 알고 있다. 그들은 이것이 경제적 압력이라는 점을 경험을 통해 알고 있다. 즉, M은 시간 압력, T는 비용 압력을 경험하고 있다. 유동적인 경제의 성향은 직장인들의 생활에서 사고, 느낌, 가치까지도 규정하고 있다.

기업들은 직원들이 항상 모든 일을 위한 준비가 되어 있기를 바라고, 상황에 알맞은 행동을 해주길 바라며, 항시 변하는 구조에 쉽게 적응하고, 어느 기능이든 다 수행하길 바라며, 어느 장스든 즉시 출동할 수 있는 유동성을 기대하고 있다.

직장을 잃는다는 것도 언제든 닥칠 수 있는 문제이다. 평생 보장되는 직장은 없다. 회사는 언제든지 재조직화될 수 있다. 조직의 반감기(半減期)도 단축되었을 뿐 아니라, 경영인도 수시로 교체된다.

이러한 상황에서 우리가 자유로운 의지를 갖기언 두려움이 클 수밖에 없다. 유동적인 경제의 규정은 우리를 복종하게끔 만들고, 숙명적인 조건으로 이끌어간다. 문제는 모든 결정이 주체가 아니라 객체에 달려 있다는 것이다.

규정 없이 경제가 돌아갈 수는 없다. 물론 규칙이라는 것이 있어야 한다. 내가 말하는 복종이란 직원이나 경영자들이 기업이나 전략을 능동적으로 이해하고 이를 위해 일하는 것과는 반대된다. 기업적 사고란 당연히 모든 지위의 리더들이 가져야 할 의미 있고 중요한 능력이다.

내가 말하는 복종이란 상사에 대한 두려움 속에서 사는 사람들에게 적용된다. 나뭇가지에 걸려 헤어 나오지 못하는 사람들로, 전문 논리나 자신의 가치를 기준으로 살지 못하고 오직 상사의 기대에 맞춰

사는 사람들이다. 이들은 자신의 행동이 상사에 의해 거부당하거나 비난받지는 않을지 끊임없이 눈치만 보고 있다.

그들은 스스로에게 어떻게 하면 이성적으로 행동할 수 있는지에 대해 질문하지 않는다. 대신 윗사람의 입맛에 맞추려면 무엇을 해야 할지 고민한다. 이러한 복종은 자신의 판단은 무시한 채 항상 상사의 취향에 맞추는 것을 최선으로 생각하며, 상사의 판단이 정당하지 않음에도 그것을 그대로 따른다.

의지의 자유란 이런 상황에서 자신이 정말 원하는 것이 무엇인지를 인식하는 준비이다. 이러한 인식을 통해 상사에 대한 절대적인 복종의 태도를 버리고, 상사에게 응징당하지 않기 위해 눈치를 보는 삶에서 해방될 수 있다. 자신이 옳다고 생각하는 것이 무엇인지를 아는 방법과 자신만의 인생 콘셉트를 찾아야 한다.

두려움을 의식했다면 더 이상 공격을 피해 도망가지 말자. 모든 것을 다 희생시키면서 자신의 기대만을 따라가라는 말이 아니다. 자신이 원하는 것이 무엇인지 모르면 진정한 인생을 살아갈 수 없다. 스스로 원하는 게 무엇인지 꼭 알아야 한다. 쉬운 길은 옳은 길이 아닌 경우가 많고, 그래서 용기가 필요 없는 경우가 대부분이다.

자신이 원하는 것이 무엇인지를 알기 위해서는 자신과의 정신적 논쟁이 필요하다. 주변 환경을 둘러보고, 이에 대한 자신과의 논쟁을 통해 행위를 규정한다. 내적 확신을 통해 원하는 것이 무엇인지를 알고 행동할 때 자신의 의지는 자유로워진다.

의지의 자유란 내적 자유이다. 오늘날 환경에서도 마찬가지다. 다음 질문을 살펴보자. 현대 경제의 권력을 어떻게 생각하는가? 무조건적 복종에 대해서는 어떻게 생각하는가? 이에 굴복하고 있는가? 아니면 그렇지 않은가? 직업과 관련된 결정의 순간에서 자신이 원하는 것은 무엇인가? 그리고 원하지 않는 것은 무엇인가? 10년을 돌이켜볼 때 자신의 인생에서 가장 중요한 결정의 기준은 무엇이었는가? 주변 상황, 두려움 또는 자신의 자유로운 의지?

용기의 비밀, 자유

이 정도만으로도 자유가 무엇인지 설명이 되었으리라 본다. 하지만 자기 안에 정말 그 자유가 있는지는 아직 증명되지 않았을 것 같다. 비에리가 말했듯 과연 우리는 자유로운지를 스스로 질문해보자. 우리는 정말 우리가 원하는 것을 하고 있는가? 아니, 우리가 원하는 것을 정말 원하고 있는가? 어쩌면 이 자유도 허상일지도 모르겠다.

어쩌면 우리는 무의식적으로 외적인 강요나 영향에 의해 행동하고 있을지도 모른다. 그리고 인간은 절대 자유로울 수 없다고 생각할지도 모른다. 실제로 자유가 의미하는 것이 무엇인지 설명하는 것도 불충분해 보인다. 쉽게 '네'나 '아니요'로 대답할 문제가 아니다. 다섯 단계로 나누어 차별화된 답변을 제시해보도록 하겠다.

이를 통해 용기가 우리의 자유를 위해 어떤 역할을 하는지 알 수 있을 것이다. 의지의 자유란 자신의 의지가 생각과 판단으로 규정되는 것을 말한다. 그 의지는 자신이 원하는 행동으로 이끈다. 자신이 의지의 자유를 누리는지는 각 행동으로 판단하여야 할 것이다. 과연 자기 판단을 기초로 하는 의지가 행동을 규정하고 있는가?

또는 자신이 정말 가고자 하는 길이 아님에드 그 길을 가면서 자기 안의 두려움에게 행동 주도권을 넘겨주고 있는가? 외부 압력, 또는 자신의 약점은 진정 옳다고 하는 결정을 포기하게 하거나 우물쭈물하게 만드는가?

1. 자유로운 의지인지 그렇지 않은지는 행동하는 사람이 제일 잘 알고 있다.

강요를 통해 행동했는지 또는 자유로운 의지를 통해 행동했는지는 자기 자신이 가장 잘 알고 있다. 인생을 살아오면서 의심으로부터 해방되었던 순간이 있었을 것이다. 이와는 반대로 자유롭지 않다고 느꼈던 순간이 있을 것이며, 원하지 않는 행동을 강요받은 적도 있었을 것이다. 이제 당신은 자유롭게 결정할 수 있을 것이다.

우리 모두 이런저런 경험을 통해 자유로울 때와 자유롭지 못할 때의 차이를 알고 있다. 이러한 차이의 경험을 통해 인간적인 자유에 대해 스스로 생각해봐야 하는 이유가 있음을 깨달을 수 있다. 우리는 자유롭고, 자유롭지 않음의 차이를 단순한 착각으로 경시하며 살아왔다.

젊은 기업인 L을 예로 들어보자. 부모님이 지시하는 조건을 그대로 받아들이기에는 마음의 준비가 되지 않은 상황이다. 그는 자신이 계속 그 회사에 머물기 위해서는 어떤 조건을 원하는지 부모님과 대화하기로 결정했다. 그는 명목상이 아닌 실제적인 사장의 역할을 원하고, 그에 대한 정당한 대가 그리고 이제까지 그가 이루어온 성과에 대해 적절한 실제 가치로서 인정받기를 원한다. 그는 동생이 회사에 머무르되 그 실력과 성과에 알맞은 자리를 맡아야 한다고 본다. 만약 부모님이 이러한 그의 제안을 받아들이지 않겠다면 L은 회사에 사표를 던지고 자신의 독립된 회사를 차릴 계획이다. L이 이렇게 결정하고 행동한다면, 그는 의지의 자유를 실현한 셈이다.

그와 반대의 경우를 상상해보자. L이 위의 단계를 밟지 않고 우물쭈물한 태도로 부모님과의 협상에서 싼값으로 자신을 넘긴다면, 그는 분명 자신이 자유롭지 않다는 것을 알게 된다. 그가 정말 자신이 원하는 것을 하지 않고 있기 때문이다.

그의 우물쭈물하는 행동 뒤에는 가족의 평화를 깨지 않고 싶은 욕망이 숨어 있고, 부모와 동생과의 갈등을 거부하고 있다. 그리고 새로운 회사를 스스로 개업하는 것에 대한 리스크를 두려워하고 있으며, 오랫동안 쌓아온 자신의 공 또한 포기하기 싫다는 동기가 숨어 있다. L은 자신이 원치 않는 것이 무엇인지 알면서도 원하지 않는 것을 허용하고 있다는 점을 스스로 안다.

2. 행동의 주체자만이 스스로 자유로운지, 자유롭지 않은지 인식하는 것이 아니다.

주변 사람들도 이를 직감적으로 느낀다. 주변 사람들은 행동의 주체자가 스스로 그 행동을 원하고 있는지, 그리고 의지의 자유를 누리고 있는지 알아차린다. 자신의 생각과 판단으로 의지를 규정해야 한다. 그로써 우리는 자신의 의지를 자유로운 의지라고 표현할 수 있다.

가장 중요한 것은 다른 사람이 아닌 바로 자신만이 자신의 결정이 자유로운 것이었는지 그렇지 않은지를 판단할 수 있다. 또한 다른 사람들이 자유롭게 행동하고 있는지, 강요에 의해 어쩔 수 없이 복종하고 있는지 쉽게 확인할 수 있다. 물론 우리가 잘 아는 사람들이라면 더 쉽게 짐작할 수 있다. 자신의 동료가 알코올 중독인지, 상사가 조화를 중시하는 결정을 내리고 있는지 판단할 수 있다. 또한 다른 사람들이 자유로운 의지로 행동할 경우 이를 단번에 알아차릴 수 있다.

우리의 짐작이 물론 잘못될 수도 있다. 하지만 일반적으로 우리는 다른 사람들의 행동이 자유로운 의지를 기초로 하고 있는지를 판단하는 데 제법 괜찮은 눈썰미를 가지고 있다. 그래서 우리는 남들의 행동에 대해 논할 수 있다. "상사는 좀더 일관성 있게 행동해야 했어.""그 동료는 이 문제를 참 여유만만하게 결정했지.""경영진은 위에서 압력을 받아 잘못된 결정을 하고 말았어."

우리는 남들의 행동에 대해 자유롭게 결정한 것인지 그렇지 않은지를 판단한다. 물론 경제 리더 또는 정치 리더 모두의 행동에 대해서도 판단한다. 우리는 그들이 자유로운 의지로 결정했는지, 그렇지 않은지를 잘 알고 있다.

우리가 토론했던 예들은 이러한 설명을 좀더 명백하게 해준다. 부서장 A의 문제 직원과 동료들은 그의 결정 뒤에 숨어 있는 의지의 자유를 직감적으로 느낀다. 확신이 없는 모습은 자신의 의지가 자유롭지 않다는 것을 드러낸다.

젊은 기업인 L도 마찬가지다. 그가 어떻게 자신의 가족을 대하는지, 어떤 확신을 보여주고 있으며, 결정하는 데까지 얼마나 오랜 시간이 걸리는지를 통해 그대로 드러난다. R의 학생들은 선생님이 자신들과 소통하는 데 얼마나 자신감이 없고 부자연스러운지, 또는 얼마나 꿋꿋하게 문제를 해결해나가는지를 통해 선생님이 자유로운 의지를 증명하는지 알아차릴 수 있다.

고객 관리 부장 M과 부서장 T도 마찬가지다. 직원들은 그들이 외부 조건을 그대로 따르고, 상사의 지시를 절대적으로 받아들이며, 회사의 관습과 기대에 복종하고 있는지, 아니면 그들이 자신의 생각을 기초로 판단하고 행동하는지를 알고 있다.

자기 자신에게 한번 물어보자. 비에리가 말하는 것처럼 직장 환경에서 주변인들의 의지가 자유로운지 판단할 수 있겠는가? 예를 들어 당신의 상사가 확신을 기초로 행동하는지 또는 싫어도 어쩔 수 없이 강요받아 행동하고 있는지를 알아차릴 수 있는가? 두세 가지 예를 들어 답변해보자.

3. 이러한 질문을 받게 되면 당신은 주로 무엇을 기초로 판단하는가?

물론 판단의 기초는 여러 가지가 있을 수 있다. 가장 중요한 것은 다른 사람들의 행동을 관찰할 때 그들의 용기가 확신으로 다가오는지 여부이다. 용기는 자유를 위한 가장 중요한 척드이다. 용기 있게 행동하는 사람은 의지의 자유를 누린다. 두려움이 몰려와도 그것을 극복하고 행동하겠는가? 분명히 더 간단하고 쉬운 방법이 있을지도 모른다. 하지만 왜 두려움을 극복해가면서 그 행위를 하고 있는지 생각해보자. 자신의 의지에 뿌리를 두고 있는 그 무엇인가가 아니라면 어떤 다른 동기가 그를 행동하게끔 하겠는가?

대부분의 경우 용기 있는 행동은 자유로운 의지를 보장해준다. 용기는 자유를 준다. 용기가 없다는 것은 지나친 복종을 선호하며, 자유롭지 않음을 증명해준다. 자유를 누리지 못한다는 사실이 지나친 복종을 통해 더욱 명백해진다.

용기가 필요하다는 말은 두려움이 생겼다는 뜻이다. 복종이란 용기가 없을 때 선택되는 기본 옵션이다. 동시에 자유를 말살시키는 첫 번째 요소이기도 하다. 복종은 자신의 자유를 직시할 수 있는 기회를 막는다. 복종하는 사람은 스스로 옳은 결정을 찾기보다는 상사가 기대하는 것이 무엇인지를 파악하고 이를 행한다. 그들은 자신들이 복종하는 만큼 자유를 보장받는다고 믿는다.

용기는 오늘날의 환경에서도 의지와 행동에서 자유가 무엇인지 알게 해준다. 이 자유란 미리 겁먹고 복종하는 것과 반대되는 개념이다. 남의 기대와 입맛에 맞춰 반응하지 않는 사람은 남의 기대의 기준을 넘어선 더 큰 것을 증명해줄 수 있다.

야단맞을까 두려워 다른 방법을 찾기보다는 자신의 생각과 확신으로 행동해보자. 이로써 자신의 생각과 판단을 통해 의지를 찾아내고, 어려운 상황에서도 자신의 자율성을 선택하자.

4. 용기는 단지 자유만 보장해주는 것이 아니라 더 확장된 의미가 있다.

일상 습관을 버리면 행동 가능성에 대한 시각이 넓어진다. 일반적인 태도에서 두려움이 남게 되면, 용기는 만족하지 않고 새로운 행동의 가능성이 있다는 제안을 시도한다. 매번 새롭고 용감한 시도를 통해 인생을 제대로 살고 있다는 것을 확인할 수 있다. 이로써 자신에 대한 확신을 갖고, 어렵고 두려운 일이 발생할지라도 지속적으로 극복할 수 있게 된다. 마테호른에 오른 사람은 다음에 몽블랑도 올라갈 수 있는 용기를 갖게 된다. 이처럼 용감한 행동을 결정하면, 그들이 누리는 자유도 지속적으로 확장된다.

이러한 시도를 통해 자긍심을 강화할 수 있으며 다른 사람들에게서 인정받는 행동이 전부가 아님을 알게 된다. 다른 사람에게서 인정받지 못할 것이라는 두려움은 용기를 마비시킨다. 이 책에서 언급한 많은 경영자의 예에서도 이를 확인할 수 있을 것이다.

비난받을지도 모른다는 두려움, 남이 자신을 부정적으로 판단할지도 모른다는 두려움 또는 적을 만들지 모른다는 두려움은 용기 있는 행동을 하기 위해 꼭 극복해야 하는 두려움이다. 남의 인정을 받고자 하는 것은 인간의 가장 기본적이며 당연한 욕구이다. 우리는 사회적인 존재로 살아가고 있으며, 공동체에서 인정받기를 원한다.

인정을 받고 싶다는 집착은 우리의 행동을 마비시키고 자유를 앗아간다. 그리고 우리를 노예로 전락시킨다. 혹 인정을 받기 위해 몸부림을 치며 살아가는 자아 도취적인 사람을 본 적이 있는지 모르겠다.

지나친 욕구는 자유를 빼앗는다. 남에게 인정받는 것이 전혀 중요하다고 생각하지 않고, 불협화음 자체를 즐기는 사람들도 있다. 이들은 다른 사람들의 의견에 반대하는 데 서슴지 않는다. 이들이 인정을 받기 위해 몸부림치는 사람들보다 더 잘하는 거 있다면 그것은 무엇일까? 왜 이들은 남에게 인정받는 것을 중시하지 않을까?

인생에는 인정을 받는 것도 중요하지만 그 외에 중요한 것들이 아주 많다. 행복, 사랑, 삶의 의미 등등. 참 이상하게도 구엇인가에 지나치게 집착하면 결코 충족되지 않는다. 인정을 추구하는 것도 마찬가지로 이 역설이 적용된다. 얻으려는 욕구가 클수록 더욱 손에 들어오지 않는다.

인정을 받는 것을 전혀 계산하지 않고 순수하게 그 과제 자체를 수행해나가면 훨씬 쉽게 인정을 받을 수 있다. 행복한 사람은 행복에 집착해 이를 추구하지 않는다. 그와 반대로 행복에 대한 계산 없이 자신의 순수한 의지로 앞길을 찾는다.

어떻게든 사랑받고자 애를 쓴다면 결코 사랑받을 수 없다. 아무 목적 없이 행동할 때 가능한 일이다. 의미 역시 투쟁을 통해서는 얻지 못하지만 집착을 버리면 얻을 수 있다. 인생을 살아가다 보면 재미나게도 집착하지 않으면 얻게 되는 경우가 많다. 덮어두고 기대하지 않으면 자신에게 순순히 다가온다.

인생에서 중요한 부산물도 여러 가지다. 인정받는 것도 마찬가지다. 인정을 받는 길은 인정받기 위한 욕심이 아닌 용기에 있다. 모든 용감한 결정은 자긍심을 얻게 해주고, 왜 자신이 존재하는지를 알게 해준다. 자신의 경험을 통해서 말이다.

자신이 어떤 가치를 가지고 있으며 얼마나 훌륭한지 안다면 다른 사람들에게 인정을 받을 필요가 없다. 항상 스스로 어려운 상황에 대처했고 해결했으며, 두려움과의 투쟁에서 승리했고, 용기를 갖는 방법이 무엇인지를 안다. 이를 통해 자신감은 더욱 커진다.

자신감이 클수록 남들에게서 인정받고자 하는 욕심이 없어진다. 균형 잡힌 확고한 사람은 부족한 무엇인가를 찾아 나설 필요가 없다.

물론 당신은 용기 있는 인생을 살아왔을 것이다. 혹시 용기가 많이 필요했던 순간이 언제였는지 기억나는가? 그때 용기 있는 행동을 하면서 자유를 얻었는가? 최소한 내적 자유라도 얻었는가? 이는 매우 중요하다.

이렇게 리더의 자유는 한 단계씩 확장해나가고 있다. 부서장 T는 예를 들어 경영진의 의지를 받아들이지 않고, 다른 방법을 찾아야 한다고 주장하면서 한 단계 발전된 내적 자유를 얻게 될 것이다. R은 자신의 행동 방향을 변경하면서 그동안 벗어나지 못한 불편한 학급 분위기에서 자유로워질 수 있다. 젊은 경영인 L은 기업에 대한 새로운 조건을 제시하면서 행위의 자유뿐만 아니라 생각 에서도 자유를 얻고 자신의 삶에서 한 단계 발전하는 기회를 얻게 된다.

5. 이제 '인간이 자유로워질 수 있는가'에 대한 답변이 가능해지리라 본다.

인간은 자유롭지 않지만 자유로워질 수 있는 존재이다. 이러한 답변을 통해 단순히 행동에서의 자유가 아닌 한 인간으로서 누릴 수 있는 총체적인 자유를 만끽하길 바란다.

이렇게 볼 때 자유란 하나의 사실이 아니라 과제임을 알 수 있다. 많은 사람들은 이 자유를 누리지 못하고 살아간다. 그리고 자신의 생각과 판단이 원하는 행동을 하지 못하고 살아간다. 물론 이성이 부족해서가 아니라 용기가 부족해서이다.

옳은 것 대신 간단하고 쉬운 방법을 선택하는 것은 사람들의 일반적인 습성이다. 어떤 사람들은 용기 있게 한 단계 한 단계 자유에 다가선다. 두려움에게 결정권을 주지 않고 자신이 직접 판단한 사고에 결정권을 주면서 자유를 획득해나간다. 자신이 원하는 것이 무엇인지 알고 있기 때문에 용기 있는 결정을 내리고, 이로써 자유와 가까워진다.

우리의 자유는 삶의 자유로운 결정으로부터 형성된다. 자유로운 의지로 결정할수록 인간으로서 더욱 자유로워진다. 우리가 얻고자 하는 목표, 포괄적인 의지의 자유, 행위의 자유는 물론 이상적이다. 이는 자신이 진정으로 옳다고 생각하는 것을 기초로 자신의 삶을 꾸려가기 위한 태도를 의미한다.

4장에서 사르트르가 말한 무자비한 판단이라는 말을 기억할 것이다. 대부분의 사람은 자기 자신을 설계하며 살아간다. 이는 절대적인 자유로 정의된다. 이에 대한 반론의 여지는 없다. 사르트르는 행위의 자유와 의지의 자유를 동시에 말하고 있다. 우리는 그의 전제를 우선은 유효하다고 보았지만, 여기에서 다시 한 번 고민해볼 수 있겠다.

자유는 가능한 것이다. 자유를 실현하기 위해 우리는 행동을 위한 용기가 필요하다. 다시 한 번 이전의 장을 살펴본다면, 사르트르는 일반적인 인간을 정의한 것이 아니었다. 그는 처음부터 용감한 사람을 대상으로 인간의 자유를 정의했다.

용기란 자유로 들어가는 열쇠이다. 자유와 용기는 서로 분리할 수 없는 개념이다. 그렇다. 자유는 용기를 전제한다. 페리클레스가 자유의 비밀은 용기 안에 있다고 말했다. 하지만 거꾸로 용기 안에 자유가 있다고 해도 틀린 말이 아니다. 용기를 얻기 위해 우리는 무엇인가로 값을 치러야 하지만, 용기는 우리에게 아무것도 요구하지 않는다.

용기는 우리에게 그에 대한 보상을 준다. 용기를 신뢰하면 항상 우리에게 돌아오는 큰 선물이 있다. 이 책의 주제는 용기이지만 자유가 그 주제라고 해도 지나치지 않는다. 다시 말해 겉으로 들어난 핵심은 용기이지만 그 안에 숨겨진, 그리고 용기를 얻도록 도와주는 것은 바로 자유이다. 용기의 비밀은 자유이다.

1 용기는 자유를 전제한다. 물론 요즘 같은 각박한 현실에서 우리는 자유롭지 않다. 겉보기에는 압력이나 강요 같지만, 실제로는 자신이 원하느냐 그렇지 않느냐의 문제이다.

2 자신에게 원하고 있는가, 그렇지 않은가라는 질문을 던지는 사람은 자유를 향해 둔을 두드린다. 자유는 절대적이지 않다. 항상 제한되어 있다. 외부 환경을 생각하면 그 제한의 압력은 더욱 커진다. 하지만 자신의 생각, 판단, 자신감, 인생 콘셉트를 기초로 중요한 것이 무엇인지를 알고 행동의 방향을 정하는 준비를 통해 그 제한을 줄여나갈 수 있다. 자신이 원하는 것을 할 수 있다는 것(행위의 자유) 그리고 자신이 바라는 것을 원할 수 있다는 것(의지의 자유), 그것이 자유이다.

3 용기는 이때 마지막 정리 역할을 한다. 용기는 단지 인간이 자유롭게 결정할 수 있다는 것을 명백하게 해줄 뿐 아니라 훨씬 더 큰 자유를 가질 수 있도록 도와준다.

4 이로써 인간은 단순히 자유를 누릴 뿐만 아니라 자유 그 자체도 될 수 있다. 자유와 용기는 서로 변증법적으로 절대적인 관계를 맺고 있다. 용기 있게 행동하는 사람만이 자유로의지고, 자유를 실현하는 사람만이 용기를 보여줄 수 있다.

부록

용기 훈련 프로그램 1 - 24

1

지금부터 용기 훈련을 시작해보자. 나는 이 훈련을 통해 당신에게 계속 말을 걸겠다. 딱딱한 이론을 전달하기보다는 대화를 통해 당신의 인생을 바꾸고자 한다. 나는 지속적으로 질문을 던질 것이며, 당신의 생각을 유도하려는 시도를 멈추지 않을 것이다. 이로써 당신의 사고가 좀더 발전할 수 있기를 바란다.

각 장마다 용기 훈련프로그램을 제공할 것이다. 우리는 어떻게 하면 용감해질 수 있을까? 담대한 마음가짐으로 용감한 행동을 펼칠 수 있도록 훈련해보자.

훈련을 통해 자기 자신을 분석하고, 이로써 새로운 행동을 시도해볼 수 있을 것이다. 일정 기간을 두고 각자의 전략을 점검할 수 있도록 도와주고, 상황에 따른 행동방식에 대해 친절한 안내를 해줄 것이다. 어떤 순서대로 읽을 것인가는 당신이 결정하라. 과제 또한 각자 취향에 맞게 선택할 수 있다. 단, 원하는 대로 읽되 각 항목에 너무 얽매이지 말았으면 하는 바람이다. 중요한 것은 실생활에 적용하는 일이다. 바로 실생활에 적용해보도록 하자.

2

나는 무엇을 두려워하고 있는가? 내 안에 존재하는 모든 두려움을 정리해보자. 용기란 두려움을 느끼지만 그것에 휘둘리지 않는 것, 침착성을 유지하면서 그 상황을 극복하는 것이다. 따라서 어떤 상황에서 자신이 두려움을 느끼는지를 아는 게 중요하다. 두려움의 대상은 사람마다 다르다. 다음 질문을 통해 체계적인 분석을 해보자.

- 어떤 상황이 가장 두려운가?

- 언제 식은땀이 흐르고 얼굴이 달아오르는가?

- 내가 상상할 수 있는 가장 끔찍한 상황은 무엇인가?

- 어떤 과제에서 어려움을 겪고 있는가? 어떤 길이 가장 고민스러운가?

- 어떤 사람과 함께 있을 때 답답함을 느끼는가? 어떤 사람과 함께 있을 때 열등감을 느끼는가? 그 원인은 무엇인가?

두려움의 원인이 무엇인지 곰곰이 생각해보자. 그리고 자신의 두려움을 관찰하여 정리해보자.

3

각자에게 알맞은 두려움 퇴치 전략을 만들어보자. 어떤 상황이 자신에게 두려움을 불러일으키는지 곰곰이 생각해본다. 그리고 그 상황을 한번 떠올려 본다. 두려운 상황에서 지금껏 어떤 방법으로 대처해왔는지 기억해본다.

이제까지 대처해온 방법 외에 다른 방식을 찾아보자. 당신이 판단하기에 이성적인 방법이라고 생각되는 것이라면 뭐든지 괜찮다. 그 방식이 현실적인가의 여부는 무시해도 좋다. 그리고 이런 시도에 대해 친구나 배우자와 허심탄회하게 이야기를 나누어본다.

자신이 두려워하는 상황에서 다른 사람들은 어떻게 반응하고 대처하는지 잘 관찰해본다. 단계적으로 여러 가지 방식을 시도해보고, 이를 통해 어떤 결과가 발생하는지 관찰해보자. 결코 중간에 포기하지 말라. 두려움과 맞서는 것이 곧 용기라고 했다. 새로운 방식을 시도함으로써 두려움이 점차 사라지고 있다는 사실을 느낄 것이다.

4

공포 극복 훈련에 참가해본다. 낙하산 타기도 좋고 절벽 타기도 좋다. 주변을 돌아보면 공포심을 극복하는 훈련을 제공하는 곳이 분명히 있다. 물론 절벽타기를 통해서 얻은 용기로 문제 직원과의 갈등을 해결할 수는 없겠지만, 이를 통해 두려움이 무엇인가를 배울 수는 있다. 즉, 두려움이 무엇인지를 안다면 이를 인내하고 극복하는 방법도 배울 수 있다.

5

다섯 번째 용기 훈련

각자 나름대로 용기 훈련 프로그램을 짜보자. 태도 연구가인 콘라트 로렌츠는 행동 학습에서 몇 가지 주의사항을 제시했다. "상대가 말을 했다고 해서 그것을 들었다고는 할 수 없다. 들었다고 해서 이해했다고 할 순 없다. 이해했다고 해서 그것을 행동으로 옮긴 것은 아니다. 원한다는 것은 아직 행하지 않았다는 뜻이다. 한 번 행했다는 것은 아직 습관이 되지 않았다는 뜻이다."

누구든 습관을 고치는 것은 힘들다. 오랜 습관을 훌훌 털어버리고 새로운 행동에 익숙해지기란 쉬운 일이 아니다. 새로운 사실을 접했을 때 그것은 자극이 되긴 하지만 곧장 그대로 실천하는 것은 어렵다. 새로운 습관에 익숙해지려면 한 단계 한 단계 익숙해지는 과정을 거쳐야 하고, 결단력 있게 추진해야 한다. 자신이 변화되는 과정을 점검하고, 스케줄도 관리해야 한다. 이런 방식으로 학습을 계획할 수 있는 것이다.

자신이 계획한 용기 훈련 프로그램을 종이에 써본다. 용기 훈련 프로그램을 따르면서 이 책을 함께 읽어주면 금상첨화다. 종교 생활을 하는 사람들이 기도문이 적힌 작은 책자를 항상 몸에 지니고 다니듯이, 자신만의 용기 프로그램을 만들어 항상 갖고 다니며 틈틈이 살펴본다.

6

각자 리더로서 활동한 경력을 정리해보자.

리더의 상은 각자가 어떤 조직 환경을 접해봤는지에 따라 달라진다. 다음 질문에 천천히 답해보자.

- 자신은 리더십을 발휘하여 어떤 사람들에게 영향을 주었는가? 그들과의 관계는 어떠했는가? 그들에게서는 어떤 리더 상, 어떤 리더의 모델을 얻을 수 있었는가? 이러한 리더 상과 리더 모델은 오늘날 당신에게 어떤 영향을 미쳤는가?

- 당신이 참여했던 사회 단체가 있었는가? (가족을 비롯한 학교, 청소년 그룹, 연맹, 정당, 직장)

- 이러한 조직을 이끌었던 리더들은 과연 용감했는가? 이들이 리더로서 인정받을 수 있었던 기준은 무엇이었는가?

- 리더 역할을 한 경험이 있다면 어떤 상황에서 누구를 대상으로 리더십을 발휘했는가? 그 경험은 어떠했는가? 어떻게 리더 역할을 할 수 있었는가?

- 조직에서 당신은 어떤 태도를 취하는가? 어떤 역할이 좋은가? 리더로서의 능력을 스스로 인정하기 까지 얼마나 많은 시간이 소요되었는가?

- 현재 스스로 리더 과제를 인정하고 받아들였다면, 이러한 리더 과제를 어떻게 획득했는가? 이 과제는 왜 매력적인가? 이 기능을 수행하면서 얻은 개인적 이익은 무엇이었는가?

위의 질문에 대한 답변을 모아 자신의 리더 경력을 정리해보자. 자신이 신뢰하는 다른 사람의 입장이 되어보자. 어떤 메시지가 들리는가?

자신의 리더십에 대한 방향성 찾기를 해보자.

당신이 리더 역할을 하고 있다면 의식적으로든 무의식적으로든 하나의 리더십에 대한 방향성을 가지고 있을 것이다. 다음 질문에 대해 답하면 자신의 리더십에 대한 방향성을 명확하게 하는 데 도움이 될 것이다.

- 사람을 지도한다는 것은 당신에게 무엇을 의미하는가?

- 현재 리더의 구체적 활동에 있어서 가장 중요한 과제는 무엇이라고 생각하는가?

- 당신은 어떤 인간상에 속하는가? 자신에게서 특별히 인간적이라고 생각하는 요소를 정리해보자. 어떤 능력이 인간을 인간답게 만든다고 보는가? 당신의 구체적인 리더 행위에서 이러한 능력이 어떤 역할을 하고 있는가?

- 어떤 능력, 어떤 성과가 당신의 지도 과제에 도움을 주는가? 무엇이 당신이 리더임을 정당화하고 있는가?

- 리더의 가장 중요한 미덕은 무엇이라고 생각하는가? 당신은 이러한 미덕을 갖추고 있다고 보는가?

- 리더의 책임은 무엇이라고 생각하는가? 어떤 상황에서 리더의 책임이 그 영향력을 발휘하는가?

- 리더로서 가장 먼저 떠오르는 역할은 무엇인가?
  코치, 어머니, 아버지, 등산안내자……?

스타일 레퍼토리를 확장한다.

리더들 대부분은 리더십을 발휘하는 특정한 스타일이 있다.

- 당신은 자신의 리더십 스타일에 대해 잘 알고 있는가? 각자의 리더십 스타일을 통해 결정적인 시기에 직원들과 어떤 방식으로 소통하는지 알게 될 것이다.

- 판단을 내릴 수 있는 결정력, 결정을 표현하는 능력, 결정의 이유를 명백하게 설명할 수 있는가? 결정 이전에 직원들의 의견을 존중하는가, 아니면 자신의 의사로만 결정하는가?

- 자신의 리더십 활동을 잘 생각해보고 스스로 질문해본다. 주로 사용한 결정 기준은 무엇이었는가?

리더십 스타일은 두려움, 자신감, 용기라는 성향과 밀접한 관련이 있다. 권위적인 리더는 자신의 책임을 기준으로 결정한다. 항상 다른 이의 의견에 의지하는 사람은 위임하는 성향이 강하다. 주변인들과 관계가 좋고 그들의 의견을 존중하긴 하지만, 결국 중요한 결정을 내릴 때는 불협화음이 잦을 수 있다. 따라서 한 가지 리더십 스타일만이 좋다고 할 수는 없다. 스타일을 상황에 따라 유동적으로 변화시키는 편이 좋다. 이를 위해 용기는 필수이다. 자신에게 질문해보자. "내가 상상하는 모범적인 리더 스타일은 어떤 두려움에 대한 용기가 있을까? 이러한 스타일은 언제 취약점이 드러나는가? 용기를 내서 뭔가 다른 태도를 보여줘야 할 때는 언제인가?" 한번 시도해보고 용감하게 자신의 스타일을 확장하자.

아홉 번째 용기 훈련

무조건 믿지 말자. 칸트는 "다른 사람의 의견에 조종되지 말고 자신의 이성으로 판단하는 용기를 갖자!"라고 말했다. 스스로 검토하지 않고 남의 의견을 무조건 받아들이지 말자는 뜻이다. 그럴듯한 괜찮은 방식으로 상대를 설득시킬 줄 아는 전문가는 많다. 그래서 무조건 믿지 말자는 얘기다. 자기 안에 확신이 서면 그때 믿도록 하자. 물론 무조건 반대하라는 소리는 아니다. '예스'가 빨리 나오거나 당연하다고 느껴지는 내용에 대해 한 번쯤 의심해보는 것도 좋다는 뜻이다. 계몽주의자들이 자신의 깃발에 써넣었던 '스스로 생각하자'라는 표어를 떠올리자. 이 원칙을 기초로 각자에게 알맞은 표어를 만들어보도록 한다.

10

자신의 한계를 넘어서라

"화학자는 화학 이외에 아무것도 모른다." 계몽주의자이면서 역설가로서도 유명한 게오르크 크리스토프 리히텐베르크는 이렇게 말했다. 화학자들을 비난하려는 말이 아니라, 자기 분야 이외에는 아무것도 모르는 이른바 고지식한 전문가들을 빗대어 한 말이다. 여기서 고지식한 전문가란 자신이 아는 분야를 벗어나지 못하는 사람들을 일컫는다. 물론 확장된 지식은 사고 영역을 넓혀주고 상상력을 제공할 뿐 아니라 다른 사람들과 생각, 감성, 태도를 공감하고 정신적인 논쟁을 할 수 있도록 해준다. 고정관념에서 벗어나 좀더 다르게 생각해보려는 방법을 훈련할 수 있고 감성지능이 향상되고 판단력이 계발된다. 아울러 중요한 것을 인식하는 능력을 갖추고 시야가 넓어지며 인간성이 계발된다. 미국인 물리학자이면서 작가였던 로버트 A. 하인라인이 말했듯, 사람들은 기저귀를 갈 줄 알고 침략을 준비할 줄 안다. 돼지를 도살하고, 배를 조종하고, 집을 설계하고, 회계장부를 정리하고, 벽을 쌓고, 갈라진 부분을 채울 수 있다. 죽어가는 사람을 위로하고, 명령에 따르거나 명령을 내리고, 협동할 줄 안다. 혼자 행동할 줄 알고, 숫자를 계산하고, 새로운 문제를 분석할 수 있다. 아주 괜찮은 제안이 있다. 해마다 정신생활을 위한 계획을 세워보는 것이다. 고전음악, 기술역사, 현대미술, 남미문학 등 자신이 접해보지 못했던 새로운 분야이면서도 왠지 관심을 끄는 분야를 선정한다. 이를 통해 당신은 더욱 성장하고 성숙해지고, 용기를 얻게 된다.

시기심을 극복하자.

질투와 시기는 사회에 만연하는 불편한 감정이다. 이는 멸시당하기 쉽다. 시기는 적대감, 비난, 파괴적인 태도의 첫 번째 동기가 된다. 당신이 현명한 사람이라면 타인의 시기심을 지적해줘야 한다. 한 동료가 당신의 앞길을 막고 방해하고 있다고 하자. 또는 당신의 상사가 직위를 잃을지도 모른다는 두려움에 떨고 있다. 당신보다 나을 게 전혀 없는 사람들이 당신에게 비난의 화살을 던진다. 어떻게 해야 할까?

첫 번째 단계: 누군가가 당신을 비난하고 공격한다면 그 원인이 무엇인지 예민하게 살펴보자. 왠지 음험하고 이상하지만 그래도 별 동기가 없어 보이는 행동에는 무의식 속에 자리 잡고 있는 시기심이 숨어 있다. 한번 점검해보자. 이유를 알 수 없는 공격 속에 그들의 시기심이 숨겨져 있는지 살펴보자.

두 번째 단계: 이러한 배경을 알아차리면 그 상황에 훨씬 쉽게 대처할 수 있다. 그렇다고 해서 자만하지는 말라. 당신에게 그들이 부러워하는 능력이 있다는 점을 인정하고 내적인 태연함을 즐겨보자. 스스로 자신이 할 수 있는 일이 무엇인지 알고, 남들이 이런 능력에 대해 시기한다는 사실을 알게 되면, 그들에 대한 인내심이 커지고 안정될 뿐만 아니라 타인에게서 인정받고 있다는 것을 확실히 판단할 수 있다. 이를 통해 더 큰 용기가 발산되는 것을 느끼게 된다.

토론을 위해 강해지자.

토론이란 이성이 주도하는 대화이다. 한편, 허망한 결과로 이어지는 것을 방지하기 위해 단단한 뭔가가 필요하다. 그래서 더 나은 논증을 찾아야 하고, 끈기 있게 반복해야 한다. 상대가 당신의 이야기를 이해한다고 판단될 때까지 시도하라. 물론 객관적인 입장을 고수한다. 당신의 판단을 흐릴 말이 오갈지라도 냉정하게 자신의 의견을 밀고나간다.

부당하면서도 불순한 우세 전략에 대해 속마음을 감추지 말고 딴지를 걸어보자. 이성을 기초로 한 논증을 시작한다. 물론 이를 위해서는 용기가 있어야 한다. 이렇게 용감한 행동으로 다른 사람이 자신의 고집을 포기하게 만들어야 한다. 이 과정을 통해 당신의 용감한 인격이 형성된다. 명철한 사고, 적절한 대화 방식을 학습하고, 안정된 상태를 유지하고, 인내심과 당당한 터도를 배울 수 있다. 그 무엇보다 자신의 독립성에 대한 신뢰를 얻게 될 것이다.

우리는 모두 자신만의 안경을 쓰고 있다. 자신이 스스로를 바라보듯 다른 사람도 그렇게 자신을 볼 것이란 생각은 착각이다. 자신에 대한 상이나 남에 대한 상 모두 일치하지 않는다. 정확히 바라볼 수 있는 힌트가 있어도 당신의 눈에 보이지 않을 것이다. 어쩌면 당신은 이를 다행스럽게 여길지도 모르겠다. 주변인들이 당신을 바라보는 시각을 지속적으로 대조해본다. 자신에 대한 실제 그림을 얻기 위해서는 다른 사람들의 반응을 거울로 삼아 관찰해야 한다. 다른 사람들에게 어떤 영향을 미치는지 느낄 수 있을 것이다. 대부분의 사람은 자신의 모습을 스스로 미화시키면서 정직하게 살기보다는 스스로를 속이며 살아가고 있다. 외부에서 오는 신호는 큰 도움이 된다. 자신에 대한 마지막 판단은 보류하도록 한다. (열한 번째 용기 훈련을 참고하기 바란다.) 남들이 당신에게 보내오는 신호를 정기적으로 머릿속에 기록한다. 긍정적이든 부정적이든 당신의 성과나 영향력과 관련된 것이다. 이에 대해 덮어두는 자신을 발견하면 바로 이를 체크한다. 잘 했다고 생각할 때뿐만 아니라 의심스러울 때도 마찬가지다. 중요한 피드백에 대한 노트를 만든다. 이로써 부족한 점이 발견되고 정리할 수 있는 기회를 갖는다. 열세 번째 용기 훈련은 열한 번째 용기 훈련 내용과는 모순되는 부분이 많다. 물론 성격에 따라 다르긴 하다. 어떤 사람들은 자기 자신을 대단하게 생각한다. 그런 경우 열세 번째 용기 훈련을 따르는 것이 좋다. 그 외는 열한 번째 용기 훈련을 따르는 게 좋겠다. 당신은 어디에 속하는지 생각해보자.

더러는 미움을 받아도 좋다.

문제를 일으키기보다는 조화로운 것이 도리어 낫다고 생각하는 사람은 이 충고를 따르라. 리더들은 간혹 분명한 언어를 사용하여 이야기하거나, 분명하게 행동하지 않기도 한다. 이때 '간혹'이라는 말에 주의하자. 목표를 설정하면서도 행동을 겉으로 표현하지 않는다는 뜻이다.

남에게 욕을 먹는 행동이 필요한지 생각해보고 의식적으로 계획하자. 이는 갈등을 유발시키거나 자신이 무서운 사람이라는 것을 표시하기 위한 거 아니라, 필요한 상황에서 자신의 일관된 모습을 보여주기 위함이다. 물론 이때 용기가 필요하다.

15

자신의 업무량을 관리하고 있는가?

자신이 얼마나 많은 업무량을 소화하고 있는지 정확히 아는가? 주별, 연별로 자신이 소화하는 정확한 업무량을 알고 있는지 점검해보자. 이 업무량은 인생을 표시하는 숫자이기도 하다. 이를 파악하는 아주 간단한 방법이 있다. 엑셀시트를 열고, 매일매일 일한 업무시간을 적어보자. 최소 1년 이상을 꾸준히 적어 넣는다.

이러한 방법으로 실제로 얼마나 많은 양의 업무를 소화해내는지 한눈에 확인할 수 있다. 일별, 주별, 연별로 업무량을 기록하면, 이 질문에 대한 답을 쉽게 찾아낼 수 있다. 어쩌면 기록 결과가 만족스러울 수도 있고 그렇지 않을 수도 있다. 매번 업무 시간의 한계를 넘어서고 있다면 이를 확인하면서 충격을 받을 수도 있다. 이렇게 실질적인 업무량을 확인함으로써 일에 대한 균형적인 분배를 할 수 있게 될 것이다. 그리고 더 나은 삶의 균형을 위해 노력할 수 있는 용기를 갖게 될 것이다.

돈에 대한 자신의 심리 상태를 살펴본다.

돈은 당신의 인생을 표시하는 중요한 요소이다. 그런데 돈이 얼마나 중요한가? 자신과 돈의 관계를 탐구하는 것은 유익한 작업이다. 다음의 사항을 살펴보자. 얼마나 많은 돈을 벌고자 하는가? 막연하게 말하지 말고 정확한 금액을 제시해보자. 정년퇴직 후를 위해 어느 정도 재산을 모아야 하는지 생각해보자. 삶과 가족을 위해 필요한 것은 무엇인지 생각해보자.

이때 당신의 삶과 가족을 위해 필요한 것은 무엇일까? 인생에 가장 중요한 것, 포기할 수 없는 것을 말한다. 남들이 사는 모습을 기준으로 해서 아니라 진정으로 필요한 물질적인 요소들이 무엇이라고 생각하는가? 두 가지 질문에 대한 답변이 동일한가 보자. 당신은 살아가는 데 필요한 돈 이상을 원하고 있는가? 만약 그렇다면 왜 그런지 생각해보자. 돈은 수단일 뿐인가? 아니면 목적 이상이어야 한다고 생각하는가?

17

정기적으로 인생에 대한 대차 대조표를 만들어본다.

물론 대차대조표, 성과, ISO 9000(제품 생산, 유통과정 전반에 걸쳐 국제 규격을 제정한 품질보증제도–역주)은 정기적으로 체크해야 할 중요한 것임은 분명하다. 이를 당신의 인생에 적용해본다. 별로 중요하지 않다고 생각할 수도 있겠다. 하지만 인생의 대차대조표가 회사 대차대조표보다 훨씬 시급한 것임을 명심하자.

생각을 정리하는 데 도움이 될 만한 몇 가지 중요한 질문이 있다. 당신의 인생 목표는 무엇인가? 세 가지만 적어보자. 지금까지 당신의 목표를 향해 얼마만큼 왔다고 생각하는가? 작년에는 얼마만큼 왔으면, 5년 후에는 목표에 얼마나 더 가까이 다가갈 것이라고 예상하는가? 가장 중요한 가치는 무엇인가? 목표를 위해 얼마나 많은 시간과 에너지를 쏟아왔는가? 작년을 예로 들어보자. 인생에서 절대 포기할 수 없는 것은 무엇인가? 당신의 인생 설계도에는 당신의 인생에서 절대 포기할 수 없는 그 무엇인가를 위한 자리가 남아 있다고 보는가? 우리는 절대 포기할 수 없는 것과 주변적인 것을 위해 살아가고 있다. 두 가지 균형이 적절한지 살펴보자.

자신의 과제 속에서 윤리적으로 비난받을 만한 것이 있는 것이 있는지 분석한다.

당신은 당신의 직업 활동에서 윤리적 감초가 무엇인지 파악하고 있는가? 분석을 시작해보자.

- 자신이 몸 담고 있는 기업에 관해 : 법률 보건학·사회·경제적 업무 조건, 고용, 해고, 의미 있는 직업, 삶의 의미를 충족시키는 직업, 경영인과의 의사소통, 다른 직원과의 의사소통, 갈등 해결 방법, 정보와 교제 방법

- 제품과 서비스: 인간적 가치, 사회적 가치, 위험성, 보수의 정당성, 환경과 사회적 조화

- 회사의 사회·정치적 책임: 제3국 협력업체와의 정당성, 재정 전략, 소재지 위치 특성, 인원 감축

여섯 단계를 통해 양심 갈등 상황을 극복한다.

윤리적 딜레마에 빠졌을 때 이를 극복하는 방법

1. 딜레마가 무엇인지 명백하게 살펴본다.

2. 가능한 대처 행동을 요약해본다.

3. 의무론적 응급 브레이크를 밟는다.

4. 관련자를 탐구한다 : 모든 행동 가능성에 관해

5. 결과를 미리 짐작한다 : 모든 행동 가능성과 관련자에 관해

6. 상황이 어떤지 구체적으로 추측한 후에 가장 적합한 결정을
   내린다.

처방전처럼 이미 알려진 방식을 사용하지 말자. 눈을 감
고 계산하기보다는 가능하면 모든 가능성과 관련된 사람,
그리고 결과를 고려해본다. 이러한 사고를 통해 결론을
내린다. 가장 중요한 것은 자신의 양심을 확고히 하는 것
임을 잊지 말자.

자신이 원하는 것이 무엇인지 분석해보자.

외부에서 강압이 느껴질 경우 자기 자신에게 다음 질문을 해보자. 원하는 것이 무엇인가? 원하지 않는 것이 무엇인가? 물론 이러한 질문은 당신의 인생 콘셉트의 배경과 관련한다. 어떤 구체적인 결정을 해야 할 경우 바로 결정을 내리는 것만이 좋은 것은 아니다. 자신이 원하는 것에 대한 일반적인 분석을 통해 의지의 방향을 살펴봄으로써 자신이 누릴 수 있는 자유와 한계를 파악할 수 있다.

직장생활에서 업무 부담(열다섯 번째 용기 훈련), 임금(열여섯 번째 용기 훈련), 활동 자체 그리고 장소, 회사 분위기, 윤리적 책임(열여덟 번째 용기 훈련)과 관련하여 어떠한 기본 조건이 만족되어야 하는가? 구엇인가를 원하는 것을 할 준비가 되어 있는가? 원하지 않는 것은 무엇인가?

협상 전략 중 가장 유명하다는 하버드 대학의 협상 콘셉트 훈련에서는 협상 이전에 가장 유용한 선택사항을 미리 예상하고 준비할 것을 충고한다. 만약 원했던 해결책으로 결론나지 않는다면 어떻게 해야 하는가? 자신에게 남은 다른 옵션은 무엇인가? 그중 가장 나은 선택은 무엇인가? 당신은 이런 질문에 대한 답변들을 지속적으로 계발하고 준비해야 한다. 무조건적인 선택이 아닌 준비된 태도로 협상에 참여하기 위해서이다.

이러한 준비는 심리학적 효능이 있다. 당신도 잘 알고 있을 것이다. 모든 밧줄이 다 끊어져 버린다고 해서 모든 것을 잃은 게 아니다. 하나의 선택 사항이 항상 남아 있다. 이를 통해 자신은 더 강해지고 자신감을 얻으며 자유로워진다. 이러한 태도는 단순히 협상뿐만 아니라 모든 결정의 상황에 적용될 수 있다. 물론 결정이 필요 없는 순간에도 유효하다. 당신의 중요한 인생 영역, 특히 직업에 대해 생각해보자. 이 직장이 없다면 당신은 무엇을 할 것인가? 어떻게 하면 당신의 능력을 지금처럼 활용할 수 있을까? 다른 직업을 얻을 수 있는 기회가 있을까? 다모클레스의 검이 당신의 머리 위에서 왔다갔다 하며 위협하지 않더라도 살아가면서 항시 생각해야 하는 주제이다. 항시 이런 질문에 대해 생각해보자. 이러한 질문의 목표는 한 고용인에게만 집착하지 말라는 경고 그 이상이다. 바로 자유를 누리자는 이야기다. 목표란 현재 스스로 억압되어 있는 직장에서 성공하고 실패하는 것이 아닌, 또 다른 가능성을 인식하는 내적 자유를 얻자는 것이다.

당신의 용기 있는 결정에 대해 정리해보자.

인생을 한번 돌아보자. 언제 정말 용감한 결정을 했는가? 당신의 용기는 어디에 존재하는가? 어떤 두려움을 극복했는가? 이를 통해 어떤 자유를 얻었는가? 분명 이러한 경험이 있을 것이다. 한번 목록을 만들어보자. 조용하게 깊이 생각해본다. 당신의 'proudest prouds'를 축하해보자. 이 리스트를 계속해서 써가면서 항상 지니고 다니자.

리스트를 지니고 다니면 성공의 경험을 항상 확인할 수 있고, 이로써 자신감을 얻게 된다. 좋은 감정, 용기 있는 행동, 그로써 자유를 느꼈던 경험은 미래에 대한 자신감을 준다. 용기에 날개를 달아줄 수 있고, 이로써 우리는 더욱 자유로워진다. 당신의 자유 이력서를 만들어보자.

용기 일지를 써보자.

위의 목록과 달리 용기 일지는 당신의 주변인들과 관련
돼 있다. 관찰해보도록 하자. 어떤 행동이 용기 있고, 그
렇지 않은가? 용기 있는 행동과 그렇지 않은 행동을 어떻
게 판단하는가? 그들이 도달하고자 했던 것은 무엇인가?
이때 그들이 간과하는 것은 무엇인가? 용기 있게 행동하
거나, 용기 있는 행동을 회피하기 위해 어떤 전략을 사용
하는가?

이때 그들의 자유로운 상태는 어떤가? 관찰 내용을 적어
보자. 이를 통해 용기 없는 행동이 드러날 것이다. 요컨
대 스스로 용기를 갖는 연습을 할 수 있다.

당신에게 용기를 주는 사람을 찾는다.

당신에게 용기를 주는 사람이 있다는 것은 아주 중요하다. 다른 사람들이 당신을 신뢰하기어 당신은 성장한다. 다음과 같은 경험이 있는지 살펴보자. 당신이 새로운 도전을 하기 위해 망설이고 있을 때 친구나 배우자가 용기를 준다. 그로써 당신은 도전한다.

만약 당신이 도전을 감행했다고 하자. 성공적인 결과를 얻었는가? 자랑스러웠는가? 이를 통해 자유를 얻었는가? 당신에게 용기를 주는 사람들, 즉 당신 자신보다 당신을 더 신뢰하는 사람들이 주변에 있는가? 디런 사람들이 주변에 있다는 것은 장기적으로 볼 때 당신의 성공에 큰 힘이 된다. 당신의 용기도 더욱 대담해지고, 이로써 당신은 더 큰 자유를 얻게 된다.